幼兒的發展與輔導

黃志成　王淑芬／著

序

　　我國有句俗諺：「自小看大，三歲知老」，此即說明嬰幼兒期的身心發展是人類一生發展的基礎，舉凡動作、情緒、人格及社會行為均在此時定型，因此，嬰兒打從娘胎起，至出生後最初幾年的保育、輔導工作就更突顯其重要性。

　　基於對幼兒輔導工作重要性的深切體認，筆者乃致力於撰寫《幼兒的發展與輔導》一書。啟筆前，仔細思索現代學子對幼教相關書籍真正的需求，發現現代學子總有看不完的書、考不完的試，總感覺時間分配的困難，因此，本書的編撰即抱持著「精簡」的原則，期望能使同學們以較短的時間獲得較豐富、完整的知識，是故本書一大特色即儘量將各個發展的概念以淺顯易懂的字句加以描述，並利用列點式來說明輔導幼兒的原則，以使同學們對幼兒發展有一完整知識，在面對如幼兒保育等相關考試時，亦能得心應手。

　　本書共分十三章，第一章「緒論」旨在闡明幼兒發展的意義、原則及重要性等，對於幼兒的整個發展過程作一個概略性的說明。第二章「身體發展」及第三章「動作發展」，則詳細說明幼兒身體及動作發展的特徵及影響因素。第四

章、第五章、第六章，探討幼兒的智力、認知及創造力的發展情形，對創造力及智力間的關係也有詳細的說明。第七章「情緒發展」，特別著重在影響嬰幼兒情緒的因素及輔導方法的探究。第八章至第十一章，以嬰幼兒期的各項能力發展，包括語言、繪畫及遊戲的發展，並依其發展內容及影響因素探求輔導的方法。第十一章至第十三章，則從幼兒的社會及道德行為表現，進而分析幼兒的人格發展，並佐以佛洛依德及艾力克森等學者的人格理論進一步探討。

　　本書倉促付梓，未盡妥善之處，尚祈各方先進不吝指正，俾使本書更加充實。

黃志成　王淑芬　謹識

目　錄

第1章

緒論

◎ 發展的意義與重要性

◎ 發展改變的現象

◎ 發展任務

◎ 發展過程的一般原則

◎ 影響幼兒發展的因素

◎ 幼兒發展的研究方法

◎ 參考資料

發展的意義與重要性

　　發展(development)一詞，有時與「發育」、「成長」等名詞交替使用，但其涵義並不完全相同。發育與成長多指身體及生理方面的成熟，而「發展」所指的不僅是軀體發生變化，心理方面亦隨之產生變化(change)，正如安德遜(Anderson)所強調：「發展不僅是身體大小的改變，或身體各部分比例的增減，也不只是身高的增加，或體力的增強，發展實際上是統合許多構造與功能的複雜過程。」其所帶來的改變，包括各種項目，諸如個人經驗範疇的增加、力量、速度、及動作技巧的增加、智慧及解決問題能力的增加、語言及溝通能力的增加、社會關係的增廣，以及興趣、活動和價值觀的改變。換言之，發展係指個體自有生命開始，其身心整體發生連續變化的過程。

　　「幼兒發展」的領域涵蓋了正常兒童從出生到六歲以前生理、心理與社會的成長。由於發展的歷程是連續不斷的，因而整個發展過程很難有明顯的段落，茲以年齡為標準，將其劃分為以下幾個時期：

產前期

　　從受精至出生前為止，約二百六十六天，此期又可分為三個主要發展階段，產前期 (prenatal period) 胚胎變化 (如圖1-1) ：

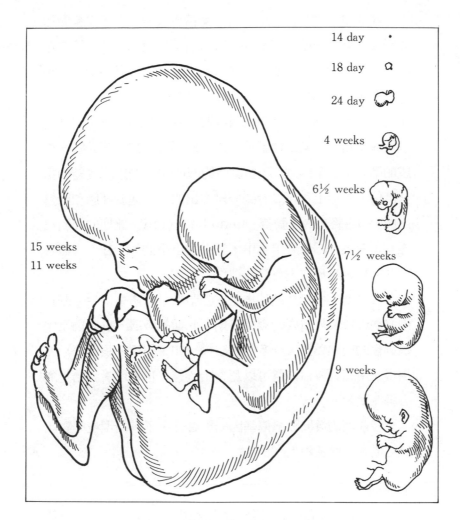

圖1-1 產前期胚胎的變化情形

註：圖中顯示的胚胎是實際大小

資料來源：轉引自張欣戊，民82

胚種期 由受精到第二週。受精後大約七天，受精卵殖於子宮內壁，開始吸收養分，體積始產生變化；進入第二週時，胚種開始分化為內胚層(endoderm)、中胚層(mesoderm)及外胚層(ectoderm)三種不同的胚層，每一胚層再繼續分化，形成各類細胞，終而構成身體的各種組織系統及器官。

胚胎期 由第三週至第八週。此期乃人體各部分器官形成的階段；在第四週，胚胎體長約0.5公分，體重比受精卵重一萬倍，外形上也可以看到一段突出的小莖連於胚胎和胎盤之間，即為將來的「臍帶」(umbilical cord)。此期的胚胎已經有頭有尾，浮游於羊水中，且在這小小的胚胎裡，人體各部的器官皆已形成，並已能運作。

胎兒期 由第九週到出生。胚胎期是個體整個生命歷程中發展最快及最重要的發展時期。此期的發展，以肌肉及中樞神經的成熟為主，許多外層組織（如手指甲、眼皮等）亦出現，用超音波掃描還可以聽到胎心音，也可以看到胎兒的心臟在跳動。

產前期的發展除遺傳基因的影響外，子宮內環境亦對胎兒之成長影響甚鉅。

嬰兒期

嬰兒期（infancy）從出生至滿週歲，為人類適應外界環境的第一年。美國幼兒教育學家懷特(White)花費十年時間研究，發現發展速度是由乳兒期最初六個月的各種經驗決定的（引自夏滌生譯，民國76年），亦即從產前期一直到出生後六個月，為快速生長期，因此，營養與衛生保健即是促進生

長與發展最重要的因素。

幼兒期

　　幼兒期（early childhood）約從一歲至六歲。此期若更精確的化分，又可分為以下兩個時期：一歲至三歲，稱為先學前期，屬我國學前學制分期中的托兒所期，皮亞傑(Piaget)曾說過「三歲定終生」一語，即告訴我們，三歲以前的孩子，並非懵懂無知，而是學習能力最強的一段時間，因此，為使嬰兒有正常發展，除注意營養、衛生保健外，亦需提供良好的刺激環境，激發嬰幼兒潛能；三歲至六歲，稱學齡前(pre-school)兒童，亦屬於幼兒園期。此時期主要發展幼兒與他人的關係，為進入團體生活作準備，教育、營養、衛生保健與福利服務均是值得重視的。

　　幼兒期以後又可分為：兒童期（從六歲至十二歲，又稱為學齡兒童期）；青少年期（從青春期至二十歲左右）；成年期前期（二十至四十歲）；中年期（四十歲至六十五歲）；老年期（六十五歲以上）。

　　幼兒發展的正常範圍裡，包含極大的個別差異(individual differences)，如身高、體重、學走路、學說話、學習各種生活常規、知識、概念等，每個人發展的時間變化很大，然即使有所差異，所有的人都會經歷相同的發展時期。

　　了解幼兒發展的完整模式，是了解幼兒的基礎，因此一套完整幼兒發展模式的價值，在於提供給幼兒的輔導者一些對幼兒的基本認識，並抱持適當的期待與輔導態度，僅歸納其重要性如下：

幼兒發展的知識，可協助家長、幼兒教學的老師或輔導者，事先為幼兒在身體、興趣或行為上將要發生的改變做好準備。

　　可以協助家長或輔導者，在適當的時機輔導幼兒學習。例如，當幼兒進入一歲，已準備好獨自行走，則必須給他練習走路的機會，並不斷鼓勵他去嘗試，直到幼兒獲得走路的技巧為止，此即由幼兒發展知識中得知走路的關鍵期，若錯過此一關鍵期，缺乏練習機會和鼓勵，則便會延緩正常的發展。

　　可協助家長或輔導者了解應對幼兒抱持何種期待，期待大約在什麼時候幼兒會有何種行為模式出現，以及什麼時候這些行為將會更加成熟。只有當家長們有正確期望時，幼兒才能在適當的要求下，正常的成長。

　　能以大多數的幼兒發展為基準，制定幼兒身高體重量表，年齡體重量表、年齡身高量表、智齡量表、及社會或情緒發展量表等，以作為評量每個幼兒正常發展的指引。因為所有正常幼兒的發展模式大致相同，所以若根據上述各項量表加以評量後，發現幼兒的發展遠離了正常幼兒的發展量表，則該幼兒發展可能有所偏差，即應儘速找出原因，加以補救。

發展改變的現象

幼兒發展上的改變，包括身體及心智能力的改變兩種，赫洛克 (Hurlock, 1978)曾提出在發展上變化類型(type of change)如下：

尺寸大小的改變

指的是幼兒的身高、體重與生理韻律的變化。初生嬰兒長約五十公分，重約三公斤，到第五個月時體重增加一倍，一週歲時，體重再增加一倍，而身高的增加則較為緩慢，要等到四歲左右才會增加一倍，可見體重的差異較身高的差異來的大。至於生理韻律的變化以睡眠較為明顯，初生嬰兒幾乎大部分的時間都在睡，每天睡十五至二十小時，一直要到四、五個月以後才開始有睡、醒的初步韻律，正常的韻律則要等到中樞神經成熟到一定程度才可期。這些外在的、生理的現象都一直不斷在增長中。

比例的改變

初生兒身體的比例與成人差異很大，初生兒頭的長度約身長的25%，成人則只佔14%，軀幹與下肢的比例為4：3，成人則為1.6：2。嬰兒的眼是成人大小的一半，但身體只有成人大小的1/12，由（圖1-2）可看出兒童身體的比例，並非成人的縮影，而使得嬰兒有一種特別的「嬰兒相」。不僅生理如此，在心理上亦同，均有獨特的特質，絕不能以成人的眼光來看待他們。

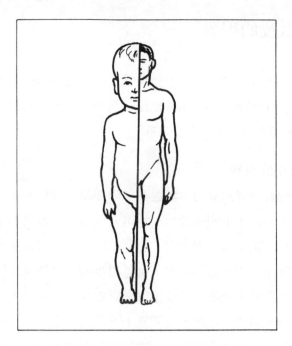

圖1－2　新生兒與成人身體比例的不同

資料來源：Buhler，1930

舊特徵的消失

在個體發展過程中，有些身心特徵會逐漸消失，例如出生前，胎毛會掉落；在兒童前期，乳齒也會逐漸脫落。同樣的，某些心理與行為特徵亦消失，如嬰兒的動作、語言及奇異想像力的消失。

新特徵的獲得

除了幼兒因脂肪組織、神經、骨骼、腺體的增長，使得幼兒體重增加外，其他身心之若干新的特徵，是經由成熟、學習和經驗獲得的。例如，六歲左右，恆齒的長出，青春期開始出現第一及第二性徵，語言的學習上，字彙亦愈來愈多。中樞神經系統的逐漸成熟，使得幼兒的動作、記憶、知覺、思考、認知等高層次的功能亦逐漸發展明顯。在心理的特徵方面，包括興趣廣泛、道德標準的提昇等亦逐漸發展。

發展任務

每個人在其生長的社會環境中，都被期望著在生長階段表現適當的角色，實現這種角色的發展歷程，即稱之為發展任務(developmental tasks)。由此定義，我們可以清楚知曉所謂的發展任務事實上是社會團體所賦予個體的期望，期望個體在每一個發展階段上應完成某些工作，海維格思特（Havi-ghurst）曾說過，如果能成功學會這些工作，不僅使個體快樂，而且能順利的完成以後的任務，若失敗了則不但個體會感到不快樂，得不到社會的讚許，而且還會阻礙到以

後的發展任務。

　　不同的社會文化，會出現不同發展任務的期許，不過任何社會期許下的發展任務均受到來自社會中的文化壓力、個體成熟及個人價值觀的影響而形成，例如，女大當嫁及升學聯考的壓力主要來自東方社會的文化壓力；學走路、說話等主要受到個體成熟的影響；職業的選擇則主要受到個人價值觀及抱負的影響，當然有更多的其他任務，則是此三者交互作用下形成的產物。海維格思特於一九七二年提出嬰幼兒期及兒童期的發展任務如（**表**1-1）：

發展過程的一般原則

　　古今中外的幼兒，不論在外貌或心理特質上，雖有許多差異，但發展過程中都遵守著一些大原則，這些普遍的大原則如下說明：

幼稚期長可塑性大

　　人類自出生到成年，均需經過二十年之久，和其他動物相較，這段幼稚期遠來得長。從學習的關鍵期（critical period)來看，許多動作技能學習的關鍵期大多發生在幼年時期，也就是說幼年時期幼兒的可塑性較大，學習其他事物的能力愈佳，其他動物的行為則多屬於本能性行為(instinctive behavior)。

表1-1　嬰幼兒及兒童期的發展任務一覽表

嬰幼兒期（出生到六歲）	兒童期（六歲到十二歲）
1.學習走路	1.學習一般遊戲所必須的身體技巧
2.學習食用固體食物	2.建立「自己是個正在成長的個體」的健全態度
3.學習說話	3.學習與同齡夥伴相處
4.學習控制排泄機能	4.學習扮演適合自己性別的角色
5.學習認識性別及性別角色（不同性別所應扮演的角色行為和禮節）	5.發展讀、寫及算的基本技巧
6.完成生理機能的穩定	6.發展日常生活所必須的種種概念
7.形成對社會與身體的簡單概念	7.發展良知、道德觀念與價值標準
8.學習建立自己與父母、兄弟及其他人之間的情緒關係	8.學習對社團與種種組織的態度
9.學習判斷是非，並發展良知	9.達成個人的獨立自主

資料來源：Havighurst，1972

早期發展是後期發展的基礎且早期發展較後期發展重要

　　大多數學者均同意，人生歷程的第一個十年是一生行為發展的基礎，因為早期發展的基礎很快的會發展成習慣模式，而這些習慣模式不論對幼兒適應是好或是壞，有益或有害，都會有持續的影響，因而幼兒時期的教育與生活訓練是很重要的。佛洛依德(Freud)亦認為成人的不良適應可追溯到早年幼兒時期不良經驗的原由，因而「小時了了，大未必佳」的觀念，從行為發展的觀點視之，並不正確。

習慣模式是相似的

　　幼兒的習慣模式具有相似性，如幼兒動作發展的順序，最先只能臥著，然後可以抬頭，續而可以坐著，而後可以扶著東西站立，再後可以爬行，一直到可以自己行走、跑、跳。

發展常遵循可預知的模式

　　雖然每個幼兒的發展不是絕對相像，但一般的連續程序則是所有發展常態的幼兒都是一致的，均依照自然有規律的基本模式而發展。從胎兒期到嬰兒期的發展，最顯明的模式是：

　　從首到尾的發展　即頭部發展在先，下肢發展在後。

　　從中心到邊端的發展　軀幹發展在先，四肢發展在後。

　　從整體到特殊的發展　全身的、整體的大肌肉活動在先，局部的、特殊的小肌肉活動在後。再如，幼兒心智的發展亦是可預期的，都是先由動作的發展，進而能運用具體的事物進行思考，最後才能發展抽象的思考境界。

共同模式下有個別差異

由於個體遺傳互異，生長環境亦不同，使得每個人都有其獨特的發展歷程與結果。所謂個別差異，指的是速率(rate)及形式(pattern)的差異；速率的差別是指個體發展快慢有別，在某些時期的某些特質發展較快，而另外一些特質可能在不同的時期發展的較快，如同樣是四歲的幼兒，有的已能說較複雜的句子，有的卻還停留在簡單的句子階段，但後者終究還是能說複雜的句子，只是時間上比較慢而已，顯示發展的速率不一；形式上的差異如容貌的差異、身高體重的差異、興趣廣狹的差異等。

即使是同卵雙生子，也只有遺傳一個因素相同，其他尚受環境、成熟及學習等因素的影響而使之呈現個別的差異。

發展是連續的過程

個體身心的發展是日以繼夜，夜以繼日，不斷的變化，整個過程完全是連續的；現在的行為是過去的延續，以後的行為又是現在的延續，且彼此相互影響，具有相關性。不過，在連續的發展過程中，個體的發展速率並非一成不變，有時快速，有時緩慢，例如，幼兒語言能力的發展即是如此，兩至五歲是幼兒語彙能力增加最快速的時期，兩歲以前及五歲以後則進步緩慢。

社會對每一發展階段都有些期望

每一社會團體因其不同的文化特質，而對該社會中的嬰兒、幼兒或兒童的身心發展，都期望有一定的模式出現，如此除可藉以評斷該幼兒的發展常態與否，更可使成人能預先

為幼兒下一階段的發展預作準備。

影響幼兒發展的因素

　　幼兒的發展絕非個別的因素所能獨立影響，支配或影響幼兒發展的因素很多，而這許多因素間又彼此互相關聯，一般的影響因素可分為客觀因素與主觀因素兩大類，客觀因素又分為遺傳(heredity)、環境(environment)；主觀因素分為成熟(maturation)與學習(learning)。

遺傳與環境

　　所謂遺傳，係指經由受精作用個體生命開始之初，父母的生理、心理特質傳遞給子女的一種生理變化的歷程。此歷程係透過生殖細胞中的基因(gene)傳遞給子女，而構成一個具有父母特質的下一代。心理學家們常以實驗進行遺傳學的研究，而白鼠是常被選中的實驗對象，將具有某種行為特徵（或一定水準）的白鼠進行自交，然後觀測其後代有無顯示親代的特徵，實驗結果均證明某種學習走迷宮的能力遺傳基因或特質，可以代代相傳。

　　應用在人類行為，常以家譜、血緣關係的分析及雙生子對比研究，且常用來說明智力的遺傳因子；結果證實，血親關係的親疏與智力相關係數成正比；雙生子研究採同卵與異卵兩類雙生子對比研究，大量研究結果的確亦顯示同卵雙生子遺傳因子的制約作用是存在的；另一些雙生子對比研究還證明人類特徵的遺傳因子制約性比行為能力的遺傳性大，而

其中以指紋、髮色、膚色為高，身高又比體重有更大的遺傳制約性。在性格特徵的研究上，也發現同卵雙生子比異卵雙生子在內外向性格特徵上也存在遺傳因子的效應。此外，寄養兒童與親生父母的智力相關研究，亦顯示親生父母的相關（r＝.50左右）顯著高於與寄養父母的相關（r＝.20左右）。在在說明不論在智力、性格以及外貌的發展，深受遺傳因子的影響。

　　所謂環境乃指個體生命開始之後，其生存空間中所有可能對之產生影響的一切因素而言，人類自受孕開始，在母胎環境內成長，身心特質常受到母親的身心狀況所影響；出生以後，幼兒成長亦受地理、溫度、物產、家人關係、社區環境及教育文化因素等的影響，每個人所處的環境絕不會相同，因為他們絕不會於同一時間立身於同一地點，即使同一家庭中的兩個孩子，所處的環境縱然極其相同，惟仍會遇到不同的人、事、物對其影響而有不同的發展。許多動物的實驗均證實環境對發展的重要性(Riesen，1947；Nissen, Chow & Semmes，1951)。華森(Watson)亦認為，不論孩子的天賦、能力、性向及種族來源為何，任何正常之嬰兒，他都可以將他們訓練成各種專業，如醫生、律師、藝術家，甚或乞丐或小偷。

　　遺傳與環境對幼兒發展的影響，已不是一個熟重熟輕的問題，因為兩者誠如赫伯(Hobb, 1972)所說：在正常之環境下，任何行為皆受制於遺傳，反之，在正常遺傳下，則又受環境的限制，個體自生命開始，即攜帶著父母的遺傳在生存的環境中生長發展，終其一生，亦即，個體若沒有遺傳碼，

根本無法踏出成長的第一步，同樣的，任何成長中的個體，皆必有較適當環境的支持，因此遺傳與環境兩個因素自始至終對個體都發生交互影響的作用。

成熟與學習

　　成熟是個體在遺傳天賦的顯露，例如，坐、爬、站、走等基本動作技巧，是因個體成熟發展而來。而學習則是經由練習與努力而發展，藉著學習，幼兒獲得能利用其天賦來源的能力，例如，游泳、溜冰、騎腳踏車或寫字等，如果剝奪練習的機會，則其天賦潛能將無法發展。

　　幼兒的發展必須靠機能的成熟才可以學習，而學習了以後，又可促進機能的成熟，例如，幼兒學寫字，必先賴手掌骨骼發展成熟以後，才可以開始學習，如此才可以學的好，寫的端正，也不會妨礙手掌骨骼的發展。同時，常常練習了以後，又可促進手掌骨骼更為茁壯。但從教育的觀點看，學習的「時機」是一個重要的關鍵，即什麼時候給幼兒學習的機會才能使幼兒的行為得到充分發展？古人揠苗助長的故事，就是重視外界的刺激而忽視成熟因素的最佳說明。

　　在個體發展的歷程中，成熟與學習兩因素一直發生交互作用，葛塞爾(Gesell，1928)以同卵雙生子做爬樓梯的實驗，在出生後四十六星期時，兩兄弟都不會爬樓梯，此時起，每天令哥哥練習爬樓梯，而弟弟則不練習。在六星期的練習結束後，哥哥能以二十五秒速度爬到頂端，弟弟則不會爬。現在哥哥則停止練習，一星期後弟弟開始做兩星期的練習。然

而他的成績竟趕上並超過了哥哥在練習六星期後所獲得的成績。弟弟之所以能有此種較佳成績，係因為開始練習時，個體比較成熟。而一星期後，等兄弟倆到五十四星期大時，表現爬樓梯的成績已極為相似。此實驗證明，個體在到達成熟階段時的學習，則學習可以事半功倍。

由上述說明，我們可以知道，在個體發展的歷程中，成熟與學習兩因素一直發生交互作用。不過，此種交互作用又隨著個體生長程度的改變而改變。一般而言，個體愈是幼稚，成熟對其行為的支配力則相對的漸增，再就行為的性質言，凡屬於共同的、基本的行為，如人類的基本動作發展，多數受成熟的支配，凡屬於特殊的、複雜的行為，多數受學習的支配，如人類語言、文字等。不過，此種交互作用的影響隨著個體生長程度的改變而改變，一般言之，個體愈是幼稚，成熟因素對其行為的支配力則相對的漸增，逐漸成長後，則靠學習來獲取較特殊、複雜的行為技術。

幼兒發展的研究方法

以時間為基礎的設計

近代發展心理學最重要的特徵是研究方法的科學化，因此，幼兒發展的研究也是一種科學的研究，其所採的研究方法，和一般其他領域的心理學並無不同，但發展心理學有一極為特殊的變項(variable)為其他心理學所無，那就是「年齡」（張欣戊，民國82）。發展是隨時間逐漸成長而來，年

齡即是最簡單的成長指標。常見的幼兒發展研究方法係以年齡為劃分標準，分為縱貫法(longitudinal method)與橫斷法(cross-sectional method)兩種。

橫斷法 係指在同時間內就不同年齡層的對象中選出樣本(sample)抽選該年齡階段中具有代表性的一群，同時觀察不同年齡層不同樣本的行為特徵，其主要在求得個體發展歷程中某一（或某些）階段內行為特徵的常模性資料(normative data)，例如，欲了解國小各年齡層學童之身高體重常模，即可使用橫斷法加以研究。因可在同一短時間內對不同年齡組的幼兒作斷層式的研究，而獲得多量的、概括性的行為發展資料，此即此法最大的優點——經濟、節省時間與人力。但亦因資料非來自同一組對象，不易發現行為發展的前後因果關係；又因此法偏重多數人的共有行為特徵，而無法顧及同齡幼兒個別的差異，是為其缺點。

縱貫法 係指對被研究對象的不同年齡階段加以研究，觀察在不同的年齡階段所表現的行為模式，例如，對同一兒童或同一群兒童，各種行為特徵作追蹤式的研究，如從嬰兒到兒童以至青少年各階段進行連續性、追蹤性的長期研究，即可發現在行為發展歷程中各種行為特徵在質與量上變化的情形，經由此研究，可清楚看到一個個體從小成長到大是如何成長的，同時，經由對各時期影響行為因素的分析，也可以發現各種行為的因果關係。如此順乎行為連續發展的原則加以研究，並獲得行為發展的前後因果關係，是縱貫法的最大優點。亦因追蹤研究曠日費時，時間經費頗不經濟，且易因被研究對象的變動離散，不易完整的完成研究。

由上述討論中我們可將橫斷法與縱貫法作一優缺點比較，如（**表**1-2）：

表1－2　橫斷法與縱貫法的優缺點比較表

優缺點 研究方法	優　　　點	缺　　　點
橫　斷　法	1.經濟—節省研究時間及經費 2.可獲致不同資料的典型特徵 3.可由同一個實驗者完成 4.沒有重複施測所帶來的不良後果 5.統計分析簡單，資料較易處理	1.無法提供幼兒變化及因果關係的資料 2.無法顧及同齡幼兒的個別差異 3.未考慮不同時間內文化或環境的改變
縱　貫　法	1.能分析幼兒的發展過程 2.能獲致個體行為發展的前後因果關係 3.能分析影響個體行為發展的各種成熟與環境因素	1.較費時，常無法由同一實驗者獨立完成 2.研究經費昂貴 3.所得數據不易處理 4.難以維持最初的研究樣本 5.必須時常以追溯的報告來補充資料

資料來源：參考自黃志成，民國83年、張欣戊，民國82年及李淑娟，民國83年

研究人的方法

研究幼兒發展的方法有許多種，但不同的研究方法各有其優點，若能依研究目的適切的加以選擇，將可獲致最佳的研究資料。

觀察法　對幼兒來說，觀察法(observational method)是一種最簡單，也應用最廣的方法。是指直接對幼兒進行觀察，藉以收集研究資料，又可依觀察的情境控制與否，區分為以下兩種方法：

- 自然觀察法(naturalistic observation)：以旁觀的地位，觀察幼兒在自然情境下的各種活動，以為分析及解決幼兒行為問題的依據。又依觀察的內容分為：
  a.日記法：或稱傳記法，每天把觀察幼兒發生的所有行為加以記錄，以供研究。
  b.限制自然觀察法：除對研究內容和需要，限定觀察的範圍（如語言、攻擊行為或助人行為等）與時間（如每天規定觀察十五分鐘）。
- 控制觀察法(control observation)：預先設計某種情境來影響幼兒的行為，然後進行觀察，收集研究資料。通常是在幼兒觀察室內，事先設置適當情境（如玩具、受傷的小狗等），並安排被觀察的幼兒在觀察室內，觀察者在特別設置的單向透視窗(one-way-vision screen)的外面觀察室內的幼兒對情境的反應。

觀察法所觀察到的僅是行為的表現，而無法得到為什麼

會有這樣的行為。加以因研究者的不同，會受每個人主觀因素的影響而使觀察到的行為有所偏頗，因此觀察法並非一嚴密的研究方法，只有在研究人員具經驗且善於應用時，方能收集到需要的資料。

間接觀察法　研究者透過第三者（如父母、老師、兄長），取得幼兒之資料，以為研究分析之依據，又依時間的差異分為以下兩種方法：

- 徵詢法：對熟悉幼兒之第三者徵詢有關幼兒之情形，依徵詢方式又可分為：
  a.問卷法：編製一連串的問題，讓熟悉幼兒之第三者作答。
  b.晤談法：當面與父母、老師或其他了解該幼兒之人晤談。
  c.評定法：依一定之標準，請熟識幼兒之人，就所列項目評定等級。
- 回憶法：讓幼兒之父母或較親近之人以回憶的方式，儘量說出幼兒成長過程中所發生之事。

測驗法(test method)　亦即心理測驗法(psychological test method)，是使行為量化的主要工具，即以一組經過標準化的問題或一些作業讓幼兒回答，從其結果來了解幼兒的某些特質，如常用智力測驗、人格測驗等，即是測量個人的智商水準與人格傾向的測驗。心理測驗的運用與解釋需由專業的心理測驗分析師為之，否則過度推論與解釋不當，將造成幼兒或其親人莫大的傷害。

實驗法(experimental method)　的目地是欲探求行爲的因果關係，亦即它不僅想了解研究問題的「是什麼」，且進一步探求問題根源的「爲什麼」。亦即，在影響幼兒行爲的諸多因素中，除一或二因子（自變項）外，餘皆加以控制，然後觀察此一、二個自變項改變時，對依變項所產生的影響。如此，即可很清楚的看出其間因果關係的變化。從實驗的場地及範圍廣狹加以區分，又可分爲：

- 實地實驗法(field experiment)：係指在實驗室之外實際生活情境下進行的研究。
- 實驗室實驗法(laboratory experiment)：在具有特別設備或特殊安排的實驗室內進行研究。此兩種方法各有其優缺點，實驗室法因經特別設計因而無法推論到此設計情境以外具有許多變數的情境；而實地實驗法，雖在一般生活情境下進行，其推論適用性較佳，但一般環境中變數太多，某一行爲的出現亦無法肯定即爲單一或某些因素之影響造成，因果關係難斷定。

　　個案研究法(case　study)　是一種質化研究方法(qualitative research method)，以一個幼兒爲對象，有系統地從幼兒本身與其關係人收集有關的資料，包括出生史、嬰幼兒期之情形、家庭狀況、社區自然及人爲環境、學校生活等狀況。收集資料的方法可爲觀察、心理測驗、深度訪談、醫學檢定、評估等，將所得資料作科學診斷、分析以提出改進意見。爲新進發展心理學家所重視的一種方法。

參考資料

王鍾和。《兒童發展》。台北：大洋圖書公司出版。民國75
　　年。

李淑娟。〈人類發展〉。編於郭靜晃主編之《心理學》第二
　　章，台北：揚智文化事業股份有限公司出版，頁87。民
　　國83年。

張欣戊。《發展心理學》賴保禎等編著。台北：國立空中大
　　學印行，頁11、42。民國82。

黃志成。《幼兒保育》。台北：揚智文化事業股份有限公司
　　出版，頁160。民國83年。

Bigner, J.J. (1983)　*Human development.* New York:
　　Macillian.

Bühler, K. (1930)　*Mental Development of the Child.*
　　Harconrt Brace Jovanovich.

Gesell, A. (1928)　*Infancy and Human Growth,* New
　　York: Macmillan.

Havighurst, R.J. (1972)　*Developmental Tasks and
　　Education(3rd ed.).* N.Y.: McKay.

Hebb, D.D. (1972)　*Textbook of Psychology(3rd ed.).*
　　Philadeophia. W. B. Saunders comp.

Hurlock, E.B. (1978)　*Child Development(6th ed.).*
　　McGraw-Hill Inc. 6,105.

Riesen, A.H. (1947)　The Development of visual perception in man and chimpanzee. *Science*, 106,107-108.

Nissen, H.W., Chow, K.C. and Semmes, J. (1951) Effects of a restricted opportunity for tactual, kinesthetic, and manipulative experience on the behavior of a chimpanzee. *Amer. J. Psych.* 64,485-507.

第2章

身體發展

◎ 身體發展的週期
◎ 幼兒期的身體發展特徵
◎ 身體各系統發展的速率
◎ 影響幼兒發展的因素
◎ 促進幼兒身體發展的途徑
◎ 參考資料

身體發展的週期

第一章談到幼兒的發展時，曾以年齡為標準，將整個發展過程劃分為七大時期，不論那一時期，人體的生長發育不是直線上升的，而是呈波浪式，發展的速度是不等速的，有時快些，有時慢些，交替著進行。對幼兒來說，其身體和生理的週期分為四個顯著的時期(Hurlock，1978)：

迅速生長期　從出生到二歲，發展十分迅速。

緩慢生長期　兩歲以後至青春期之前，發展的速度逐漸緩慢。

第二迅速生長期　自接近青春期（約十至十一歲）開始，至十五、十六歲左右，發展的速度驟增，形成第二個迅速生長週期。

第二生長緩慢期　到了性成熟以後（約十六、七歲過後），發展的速度又開始由巔峰下降，恢復到緩慢的狀態，生長至成人而停止。

幼兒期的身體發展特徵

由上述發展週期觀之，個體的兩個快速生長期為兩歲以前的幼兒及青春期，以下僅就幼兒的身體發展特徵加以略述：

身高和體重的發展

　　幼兒身體發展的主要標誌是身高和體重，因為他們代表著身體內部各個器官，如呼吸、消化、排泄系統以及骨骼的發展（李丹，民國78）。這也是嬰幼兒在體檢時首先需量度身高和體重的原因。

　　身高　出生後第一年，身高的增加在比例上小於體重的增加。出生嬰兒身高約五十公分，一週歲約七十五公分，兩歲時約八十五公分，四歲約一百公分，六歲約一百一十五公分。就身體各部分的比例變化情形來看，出生後的前半年比例變化很小，隨之，開始有明顯的變化，軀幹與四肢成長較快，頭部較慢。出生後的最初六個月，頭圍增加很少，由於頭部的增大減慢，而軀幹、四肢都增長了，所以出生時那種十分明顯頭重腳輕的特徵，便逐漸消失。

　　體重　出生時嬰兒體重約為三至三點二公斤，剛出生幾天，因適應外界環境及水分的流失，體重會減輕百分之七至十，約五天後會回升；至第三個月約為六公斤，出生九個月後，體重的增加開始減緩，因此時嬰兒將很多能量用在爬、坐與走等行動上。至週歲時體重約為出生時的三倍，將近十公斤，二歲時約為十二公斤，四歲約為十五公斤，六歲約二十公斤。

　　一般而言，身高與體重的發展，均為男童較女童佔優勢，然兒童晚期因女童先進入青春期，身高與體重的發展反優於男童。

骨骼的發展

　　骨骼具有支撐身體、保護內臟的功能。在出生後第一年，骨骼發育最快，第二年逐漸減緩。幼兒骨骼中鈣質少而膠質多，韌性大而易彎曲，所以較不會有骨折、骨裂的現象，甚至因幼兒的骨骼是柔軟的，所以，他的身體柔軟易曲，這也是為何嬰幼兒可以在仰臥時吸吮著自己的腳趾頭，或對幼兒的骨骼施以太大的、長期的壓力，極易使骨骼畸形的緣故。

　　嬰兒自出生後第一年就開始了骨化的現象，新生嬰兒全身骨骼有二百七十塊，以後先增後減，直到青春期完成骨化，變成二百零六塊。骨化與種族、遺傳、營養、疾病等因素有關，且女童較男童骨化為早，大骨架骨化較小骨架為早。

牙齒的生長

　　嬰兒長牙的時間因種種因素，如遺傳、營養、健康狀況及性別等因素而有所不同。一般而言，幼兒的第一顆乳齒（或稱「暫時齒」）約在出生後六至八個月之間鑽出齒齦，在週歲時約長出六顆牙齒，至兩歲半時，二十顆乳齒已全長齊。約至五、六歲時，乳齒開始脫落，恆齒則隨著年齡的增長慢慢長出。長牙的先後順序比長牙的時間更重要，因為長牙的次序若不規則，下顎很可能變為突出，而使牙齒排列不齊。恆齒共有三十二顆，約在六、七歲時，由第一顆大臼齒開始長出，其次在六至八歲時長出第一門齒，至十二、三歲，共長出二十八顆牙齒，最後的第三臼齒（或稱智齒）要到十八至二十五歲才長出。牙齒的生長順序（如圖2-1所示）。

上　齒

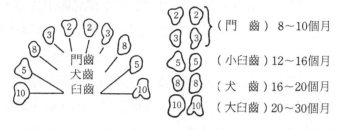

（門　齒）8～10個月
（小臼齒）12～16個月
（犬　齒）16～20個月
（大臼齒）20～30個月

下　齒

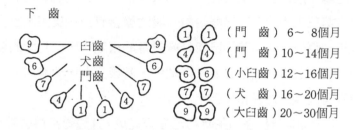

（門　齒）6～ 8個月
（門　齒）10～14個月
（小臼齒）12～16個月
（犬　齒）16～20個月
（大臼齒）20～30個月

圖2-1　幼兒牙齒的生長順序圖

神經系統的發展

　　神經系統在胎兒期即發展很快，出生後仍繼續快速發展，約三至四歲以後，生長才慢慢減緩。出生時新生兒的腦重約三百九十公克，已達成人的四分之一，出生後腦重量隨年齡而增長，增長的速度是先快後慢。第一年腦重的增加最快，以每天約一克的速度遞增，九個月時達六百六十公克，為成人的二分之一，滿兩歲時為成人的四分之三，滿四歲時為成人的五分之四，六歲時約重一千二百八十克，達成人的十分之九，此後的增長即很緩慢，至二十歲左右停止增長。

感覺器官的發展

　　個體在出生後，感覺器官發育很快；嬰兒剛出生時，眼肌未完全發育，尚不能集中雙眼在同一物體上，所看到的東西都是模糊不清的，出生後一個月大時，即已開始能適應刺激，三個月後眼肌即能互相協調，且網膜上的錐狀細胞已經發育完全，而使嬰兒可以看到所有顏色了。出生時，嬰兒的聽覺是所有感覺中發展最慢的，很多嬰兒的中耳由於被羊水液阻塞，所以在出生後的一、二天，常沒有普通聽覺反應，但自第三天到第七天已開始對一般的聲音有一些反應，出生後第一百一十八小時，已能分辨聲音的來處；兩個月大的嬰兒對講話聲音較其他聲音來得敏感，其後不久，即會對所有聲音有同樣的感受和反應。

　　味覺和嗅覺，在出生時均已發育完成，且感覺甚為敏銳，因此，成人的食物對幼兒而言，味道會變得太重，不適合幼兒食用。此外，對觸、壓、痛覺及溫度的感受亦極為靈敏，對輕微的碰觸及胳肢的反應也較長大後反應強烈。

身體各系統發展的速率

　　身體各系統的發展，一方面保持著彼此的關聯，同時又各有發展的歷程可循。個體主要系統的發展，按其發展曲線，分為下列四種：

淋巴系統

　　包括扁桃腺、淋巴腺、腸的分泌腺等分泌組織的發育系

統。淋巴系統機能，主要為殺菌、維持身體的健康，其在發育的第一個十年中表現出一種特殊的速度。這是因為幼兒時期機體對疾病的抵抗力弱，需要強有力的淋巴系統來進行保護。十一、二歲左右發展達到最高峰，已達成人時期的百分之二百，表示十一歲左右的幼兒已獲相當的免疫力，身體健康達到最旺盛的階段。在第二個十年期間隨著其他各系統逐漸成熟和對疾病抵抗力的增強，淋巴系統則逐漸退縮。

神經系統

包括腦髓、脊髓、感覺器官等系統。神經系統乃一切行為的基礎，出生後腦和神經系統的發育最快，在最初的六年內繼續以最快的速度發展著，六歲時已達成人的百分之九十，十二歲已接近百分之百。

一般系統

包括骨骼、肌肉、內臟諸器官等全身組織的系統。幼兒的身體發展嚴格服從「頭尾定律」，即由頭部→頸部→軀幹→下肢依序發展，且在一至二歲時急速發展，兒童期則呈緩慢狀態，到青春期急起直追，二十歲左右發展完成。

生殖系統

包括睪丸、卵巢、子宮等生殖器官的發育。在幼年時期，即第一個十年幾乎沒有什麼進展，而在青春期時迅速發展，二十歲時發展完全成熟。

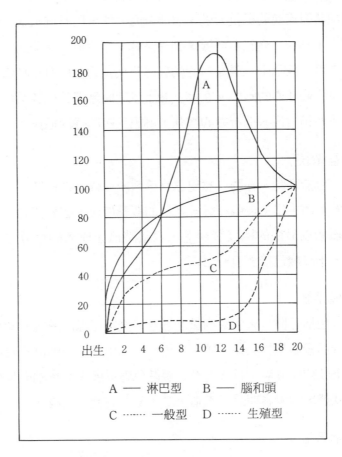

圖2-2　出生至二十歲的發展曲線

資料來源：Coursin，1972

影響幼兒發展的因素

幼兒時期，身體的形態與構造，生理的組織與機能，除了受到先天遺傳基因的影響外，亦受到環境和教養而發育滋長（洪靜安，民國73），茲分述如下：

遺傳因素

遺傳受基因所支配，直系親屬，尤其雙親的遺傳，決定了子女身心諸方面的特質，就身體與生理方面來說，如身材高矮、皮膚、毛髮顏色、臉形、鼻樑高度、眼睛大小，甚至體內各器官的組織及功能等，大都決定於遺傳。無怪乎，子女酷似父母，常被人稱道：一個模子印出來的，就是基因遺傳所致。

環境因素

環境為一複雜因素的組合體，不論是產前的母體環境，或是產後的環境衛生條件、營養狀況、活動發展場所、輻射及其他污染等，均是影響身體發展的主要因素。

養育方法

良好的養育方法不但可以使幼兒養成許多有益身心發展的好習慣，更可以排除許多妨礙身體發展的異常行為（如偏食、拒食、夜夢不寧等）。如教育幼兒養成良好的飲食、睡眠、運動、清潔等習慣，自然其發育健康、正常。

促進幼兒身體發展的途徑

　　幼兒常無保護自身生存的能力，為維護其健康，使其正常發育，父母及師長應善盡養護的職責，小心呵護幼兒的食、衣、住、行，尤其需注意以下幾點：

營養

　　營養是促使幼兒身體發展最主要的途徑，不但要有足夠的營養而且還要均衡的攝取，並注意勿過量以免導致過胖。

運動與活動

　　要提供幼兒適當的活動空間及時間，讓幼兒有充分的活動及運動機會，以利其身體發展。

衣著

　　幼兒的衣褲要合適舒服、寬鬆適體、使四肢得以自由活動、胸腰不受束縛、呼吸運動暢行無阻。購買時，可選擇稍寬大的服飾，以適應幼兒體格之迅速發育；衣服過小時，不宜勉強穿著，以免妨礙身體發展。

睡眠與休息

　　從出生到幼兒期，每天仍有一半以上的時間在睡眠中度過，睡眠時間隨著嬰幼兒的成長而逐漸減少。為維持幼兒身體健康，其睡眠時間的早晚和時間的長短應適合年齡的需要。並且幼兒在每天活動以後應有充分的休息，絕不可過度疲勞。

衛生保健

　　病原體常藉食物、飲水、空氣的直接接觸而侵入體內，幼兒的抵抗力弱，若無適當的保健，易生疾病。因此應注意幼兒身體、居家、社區的衛生，並培養幼兒有良好的衛生習慣，按時為幼兒檢查身體及實施預防接種，以預防疾病的產生。

避免意外傷害

　　幼兒好動又好奇，且不懂得危險，許多意外事件因此而發生。赫洛克(Hurlock，1978)認為二、三歲幼兒最易產生意外事件，其次是五、六歲，輕則跌疼摔傷，重則可能變成殘廢，甚至死亡，因此，父母師長應時時防範幼兒因食物、藥物、遊戲、交通等意外傷害，確保幼兒身體正常發展。

參考資料

王鍾和。《兒童發展》。台北：大洋圖書公司出版。民國75
　　年。

李丹。《兒童發展》。台北：五南圖書公司。民國78年。

洪靜安。《兒童發展與輔導》。台北：國立編譯館主編，正
　　中書局印行。民國73年。

Coursin, D.B. (1972)　*Nutrition and Brain Development in Infants.* Merrill-Palmer Quarterly, 18,177-202.

Hurlock, E.B. (1978) *Child Development(6th ed.).* McGraw-Hill Inc. 6,105.

第3章

動作發展

嬰兒期的動作發展

　　人類的生命是開始於精卵細胞的結合，胎兒在兩個月時已略具人形，其動作的發展亦隨之產生，只是此時很微弱，只表示有活動能力而已，大約要到四個月左右，母親才能感覺出胎兒的動作，例如，他會移動他的軀體，轉動他的小臀部和伸伸他的小雙腿來活動。誕生之後，嬰兒即展開一連串適應、探索周圍環境的動作，此時我們稱為「反射動作」(reflex movements)，一直要到三、四個月過後嬰兒才開始他自己有目的的動作。一歲過後，嬰兒可以獨自站立，甚至有的已經會走路，當幼兒會走路後，其他各種動作能力（如跑、跳、翻觔斗等）便相繼出現。到五歲的時候，人生的基本動作大都已經獲得。

　　所謂動作發展，即是由神經中樞、肌肉、神經的協調來控制，是一個連續、統整的歷程。初生嬰兒最先開始的動作行為大都為反射動作，完全不受自我意識的控制，以下即略述嬰兒期的反射動作：

　　嬰兒自呱呱墜地以後，就開始探索這個新奇的世界，由於他的手眼及各部肌肉尚未發展成熟，所以他的動作發展可以說是沒有意識和沒有目的的反射動作（王慧敏，民國78）。這些反射動作主要受外界環境所觸發，同時也是短暫又機械的動作，完全不受他主動控制，且此種動作具有覓食、防禦及適應外界的功能，直到幾個月後，這些反射動作就會自然消失而成為有意識、有目的的動作。初生嬰兒的反射動

作常見的有以下幾種：

巴賓斯基反射動作

巴賓斯基反射動作(Babinsky reflex)，又稱足底反射，若輕輕撫摸新生兒腳掌，其腳趾便向外伸張，同時腿部也會搖動，這種反射在出生時就會出現，到四個月以後才逐漸減弱。

達爾文反射

達爾文反射(Darwinian reflex)，又稱拳握反射，用手或物品輕觸新生兒的小手心，他的手掌會蜷曲，並且把手中的東西緊緊抓著不放。根據試驗，出生後一小時的嬰兒，雙手緊握棒子，將棒子提起，他的身體可懸空半分鐘之久（洪靜安，民國76）；同時，當嬰兒察覺性高的時候，他雙手的拉力可達兩磅左右（夏滌生，民國76）。當他在吸吮時，手掌也會緊握（王慧敏，民國78）。這種能力從出生即出現，在出生一個月以後開始減退，數月後即消失。

摩羅反射

摩羅反射(Moro reflex)，又稱驚嚇反射，是小兒科醫生最常用以檢驗嬰兒的項目，當新生兒突然受到痛、光、強音的刺激，或仰臥時輕敲腹部或使其瞬間失去平衡，會引起四肢衝擊運動，兩腳舉高兩手腕向內側彎曲作擁抱狀，此種反射從出生開始，到四個月以後逐漸消失，六個月以後若摩羅反射依然存在，可能表示中樞神經功能異常。

探索和吸吮反射

以手指撫摸新生兒的臉頰時，他會把頭轉向手指的方向，稱為探索反射(rooting and sucking reflexes)，若撫摸嘴唇上下方，則會用嘴去吸吮手指頭，這種現象在新生兒饑餓時尤其顯著，稱為吸吮反射，約三個月時會逐漸消失，取而代之的是有意識的吸吮反應(Sandar，1987)。

退縮反射

退縮反射(withdrawal reflex)，以大頭針輕輕的刺激新生兒的腳掌，新生兒就會把雙腳縮回。

降落傘反射

降落傘反射(parachute reflex)，從背後把新生兒直立抱起，並且迅速地把他往下降，他會把腳向外伸，手臂張開，像跳降落傘姿勢一樣(David，1982)。

迷宮正姿反射

迷宮正姿反射(labyrinthine reflex)，是一種欲保持平衡的動作。其反應為在垂直時，若身體傾斜，頭部會向反傾斜方向偏，其作用是維持頭部的正姿，發生在出生後的第二個月，然後在周歲後變得更強 （張欣戊，民國82）。

步行動作

步行動作(walking reflex)，將新生兒直立抱起並且讓他的雙腳站在平坦的地板時，他會出現步行動作，新生兒首先會輕微地向前傾，然後逐漸交替雙腳走路(Sandar，1987)。

三個月以前的嬰兒步行是反射動作，跟成人步行不同，成人步行是由大腦皮質的運動區(motor area)所控制，而反射則由較原始的腦組織所控制。由反射動作轉化成自主動作之間的時期，大腦皮質會抑制反射動作，因此四、五個月大的嬰兒既無步行反射亦無法自主步行。

爬行反射

爬行反射(crawling reflex)，當新生兒俯臥時，在他的腳底施壓力或輕輕地用手指按腳底，他會同時使用上下肢產生爬行的反射動作(David，1982)。

游泳反射

游泳反射(swimming reflex)，把新生兒俯臥放在水中，並且用手撐著他的頭部，他一方面會閉氣，一方面手腳會有節奏地伸張和伸縮，好像在游泳一樣，而這種游泳反射動作產生的時期大約在新生兒出生七天至五個月之間(David，1982)。

防禦反應

防禦反應(protective reaction)，新生兒睡覺時，我們用毯子覆蓋在他的臉部，他會轉動頭部，如果不能把毯子拿開，他就會把手放在臉上，並且企圖把毯子撥開，這種反射動作是屬於自衛反應的一種(Sandar，1987)。

嬰幼兒大肌肉動作的發展

　　幼兒期的動作發展若以種類來劃分可分為大肌肉動作（粗動作技巧）的發展和小肌肉動作（精細動作技巧）技能的發展兩類（王慧敏，民國78），現在以年齡的發展來介紹大肌肉動作的發展：

　　嬰兒由兩個月開始能自己抬胸，算是自主動作發展的開始（張欣戊，民國82），此時嬰兒對自己的手亦非常有興趣，常玩弄自己的小手且仔細的觀看和研究，到兩個半月時，就會觀看手裡的東西，再把它放到嘴裡咬咬看，這是嬰兒探索世界的方式。嬰幼兒粗動作的發展表列如（**表3-1**）：

嬰幼兒小肌肉動作的發展

　　嬰幼兒的站與走屬於大肌肉（即粗動作）的發展，而小肌肉（細動作）的發展則以手的拿取動作最為重要。嬰兒出生時就有手臂與手的動作，例如：手掌的開合、手指的伸張等，但此時為一種沒有目的的動作，因為三個月前的幼兒無法支配他的一雙手（王步華，民國77），直到四、五個月，手眼協調了，有目的的動作才算開始。

　　教育家哈柏松(Halverson，1931)以實驗研究幼兒拿取動作的發展，得到以下結論，經整理表列如（**表3-2**）：

表3－1　嬰幼兒粗動作的發展

年　齡	動　　　　作
二　個　月	俯臥時可抬胸
三　個　月	伸手抓物
四　個　月	可扶坐，已能抓住物品
五　個　月	可自行翻身
六　個　月	可靠物坐著，能拿起物品
七　個　月	可自己坐著，輕易翻身
八　個　月	可由父母扶著站立，且可靠腹部力量爬行
九　個　月	可扶物自行站立
十　個　月	可靠四肢力量爬行
十一個月	可牽著行走
十二個月	可自行扶物行走
十三個月	自己能行走
十五個月	能爬行上樓梯
一　歲　半	能自己爬上桌子，並笨拙的跑步
二　　歲	能獨自雙腳交替上樓，惟下樓時雙腳置於同一階梯上
三　　歲	能自然地擺動雙手行走
	會踩三輪車，並掌握方向
	可單獨站立數十秒
四　　歲	喜歡活蹦亂跳
	能跳過障礙物，且走平衡木
五歲、六歲	能交換雙腳下樓，並喜歡隨音樂律動

資料來源：參考 Lamb & Campos, 1982,張欣戊，民國82年；及王慧敏，
　　　　　民國78年

表3－2　幼兒拿取動作的發展

月　　齡	手　部　動　作　發　展
16	想拿物品，但尙拿不到
20	手能碰到物，開始抓取
24	可用整個手掌及手腕握取物品
28	可用手掌握取物品，且食指已能單獨活動
32	可用手掌握穩物品，不致掉落
36	可用手指抓取物品，手指的活動日漸靈活
52	拿取物品的姿勢漸爲傾斜，專靠大姆指、食指和中指將物品輕巧的拿握在三指中

資料來源：參考 Halverson，1931

　　由上表中可發現幼兒拿取動作的發展方向，是由手掌向手指的方向進行及從全手掌的抓握，進而到大姆指與食指的輕巧拿取。

動作發展的原則

　　第一章曾經提及幼兒的發展常遵循可預知的模式或定律，即頭尾定律（從頭到尾的發展）、近遠定律（從中心到邊端的發展）及由整體到特殊的發展，幼兒的動作亦循此定律發展，此重要的三大定律爲：

頭尾定律

頭尾定律(cephalocaudal principle)由大肌肉的動作發展順序,可以觀察此定律。即從頭到尾的發展,愈靠進頭部的動作愈先發展,因此眼、嘴的肌肉控制早於手臂,而手臂又早於下肢,也因此,腿及腳部在最後發展。

近遠定律

近遠定律(proximodistal principle)由身體的中央 (即脊椎) 為起點向邊緣發展。因此軀幹的發展在先,四肢的發展在後,亦即愈趨近軀幹的部分,動作發展愈早,愈遠則愈晚。由此可知,手部動作的發展是肩的發展早於手臂的發展,手臂的發展早於手掌,最後才是手指。

由整體到特殊的發展

動作的發展,由一般反應到特殊反應,再由特殊的到集中的,亦即低層次的,普通的動作先出現,特殊的、高難度的動作發展在後。

現代社會,許多父母望子成龍,望女成鳳,往往在子女學齡前就教導其學寫字,總希望自己的子女贏在起跑點上,從幼兒動作發展的原則觀之,學前階段幼兒不宜以手握筆寫字,理由說明如下:

幼兒動作發展係依照「近遠定律」 在學前階段,幼兒發展以軀幹及手臂為主,亦即粗動作之發展,至於手指之細動作,尚屬萌芽或訓練階段,故不宜以手指握筆寫字。

動作發展依賴「成熟與學習」　學前幼兒欲習寫字，必賴手指發育成熟後才可學習，然此時幼兒握筆能力尚未成熟，故最好不要學寫字。

動作發展是從「一般反應到特殊反應」　寫字可以說是動作發展上之特殊反應，不需在學前階段為之。

影響動作發展的因素

影響幼兒動作發展的因素很多，且這些因素常交互作用影響，一般可歸納為個體因素和環境因素兩大類：

個體因素方面

成熟　國內學者研究發現，年齡是影響幼兒動作發展的主要因子，隨著年齡增長，幼兒的運動肌肉、神經亦逐漸成熟，遂使其他發展亦逐漸成型（蘇建文、鍾志從，民國73）。例如，幼兒由起立而行走，不僅僅是用腿與腳，還需依賴身體其他部分協調運動的成熟，如頭與軀幹要能挺直，手臂前後擺動，眼與腦已能協調等。

健康狀況　健康的幼兒，精神愉快，體力充沛，方可習得許多動作技能。因此國內學者研究發現適度的營養亦是影響幼兒動作發展的因素（王慧敏，民國78；洪靜安，民國73）。反之，健康狀況發展欠佳的幼兒則動作發展相當緩慢，肢體殘障亦將影響動作之順利進行和發展；而生產過程是否順利與出生狀況，如新生兒的初生重量及是否足月生產，以及母親生產前食用藥物、吸煙、傳染病、疾病及母親的年齡，

均為影響幼兒健康的重要因素。

性別　研究發現，性別對於嬰兒期動作的發展並非主要的決定因素（蘇建文等，民國76），事實上，嬰兒時期，男女動作的發展並無多大區別，直到幼兒期，由於受父母角色期待及社會化的影響，性別角色逐漸影響幼兒的動作發展，因此男孩被教養從事粗獷的活動，女孩則通常從事細微的活動。至青春期，因性別而產生動作發展的差異，則更形明顯（王慧敏，民國78）。

智力　米德(Mead)的研究報告顯示，智力低下的幼兒開始學習走路的平均年齡為25.1個月，而正常幼兒平均為13.9個月；此外推孟(Terman)研究天才兒童，發現他們開始學走路的平均年齡僅有12.8個月（轉引自黃天中，民國70）。可見智力高的幼兒動作發展比智力低者為佳。

動機與抱負　如同一般動機理論所言，個體之動機愈強，學習能力愈佳；幼兒活動的動機愈強，動作的發展愈佳；且對其動作本身持有適當的抱負水準，則其動作的發展較佳。

錯誤的動作習慣　錯誤的動作若自幼兒起即養成習慣，如慣用左手，非但改變困難，且妨礙進步。

環境因素

父母的管教態度　父母的管教態度直接影響幼兒的動作發展，若父母的要求過於嚴格，將使幼兒產生排斥心理並降低學習興趣；若未考慮幼兒骨骼的發展，提早訓練其動作技能，如寫字、繪畫等，將產生揠苗助長的負面影響；若父母

過度保護,亦將剝奪幼兒學習機會,影響其動作發展的速率。

　　活動空間與器材　寬廣的活動空間與安全多變化的遊樂器材有利於幼兒的動作發展,因此居家、學校或社區環境能否提供足夠的活動場所及安全多樣的遊樂或運動器材,均會影響幼兒的動作發展。

　　正確的指導與示範　父母或師長給予幼兒正確的指導和示範,可避免幼兒不當動作造成之傷害,並免於嘗試錯誤學習,加速幼兒的動作發展。此外師長的指導態度是否和悅及有耐心,均將直接影響幼兒的動作發展。

　　練習　如同一般的技能「熟能生巧」,練習的次數愈多,動作技能將愈純熟發展,因此父母及師長應多帶領幼兒從事大小肌肉的運動與娛樂,多提供練習的機會。

　　同伴與競爭　同伴愈多,愈能提供更多動作學習的機會;同伴間相互的模仿、競爭與表演,更可使幼兒在活動中快樂的學習。

動作發展的輔導

　　幼兒自出生後即開始手的抓取動作,以此動作進行的遊戲即為幼兒生活中主要的任務。然而生活空間的狹窄,已影響幼兒充分學習及發展的機會,因此,身為父母及師長輔導幼兒學習動作時,不僅需要了解幼兒動作發展的基本知識,更應將理論與實際加以應用,真正提供幼兒發展和學習的機會。謹提供輔導注意事項如下:

一般動作的輔導原則

掌握各種動作發展的關鍵期　個體的動作發展均有一學習上的關鍵期，所謂關鍵期，意指個體在發展過程，有一個特殊時期，其成熟程度最適宜學習某種行為，若能及時給予學習的機會，有事半功倍之效。但是，必須提醒的是幼兒發展的成熟度應是考量的前題，過早或過重的訓練或指導僅具事倍功半之效，且會影響幼兒的正常發育。

提供良好的環境及空間　幼兒學習各種動作，有賴適當的環境及空間，如此才能發揮盡致。

提供更多的刺激物　除了良好環境外，更應給予更多的玩具及遊戲器材，使幼兒在遊戲活動中，實際去觸摸、把玩，促進動作發展。例如，粗動作技巧的相關器材，可設置培養平衡力的器材，如平均台、梯子、滑板等；培養移動力的器材有爬梯、攀爬設備、跳躍器材等；培養手部操弄能力的器材，如各式大小軟硬球、大小珠子等。精細動作技巧則可利用各種角落教學來輔導，例如放置積木角、圖書角、美勞角、娃娃角、木工角等。在放置各類設施或使用器材之前，首需考慮下列因素(David，1982)：

- 是否合乎安全與衛生？
- 是否能吸引幼兒的興趣？
- 是否適合幼兒的發展和成熟度？
- 是否實用？
- 在經濟方面是否可行？
- 是否可在父母或老師的視線範圍內和指導下活動？

• 是否在時間上具持久性？

衣著 爲幼兒選擇衣服時，要注意衣著的舒適寬鬆，便於幼兒活動，不應給他太大的束縛，以妨礙幼兒的動作發展。

親子遊戲 父母親宜常和子女一起遊戲，除可增進親子間感情交流外，更可隨時給予動作上的指導及適時提供回饋，使幼兒透過指導而自我修正，以建立正確的動作技能。

慣用左手的輔導

可能由於腦部右半球較發達或早期學習的影響，造成幼兒使用左手的習慣，亦即俗稱的左撇子或左利。幼兒左右手習慣的養成過程，Beaty(1986)認爲：一般而言，幼兒在一歲時使用雙手取物，但已有輕微慣用某手的習慣，兩歲時，有百分之五十慣用某一手，三歲時百分之七十慣用某一手，四至六歲有明顯偏好傾向，八歲時幾乎已固定慣用左右手，直到十一歲則已建立用手習慣。慣用左手之幼兒可能會因與同伴有異而被取笑，產生自卑感，進而影響其自我概念和態度。此外，左利的幼兒將不適於右手優勢的社會，因目前的教學方法、設備、器材多爲右利者而設計，若幼兒慣用左手，則可能會阻礙學習，甚至易發生意外傷害。故最好加以矯正，例如，宜將物體放在幼兒的右手邊，或當幼兒用左手取物時，使用遊戲的方式，將物體有技巧的換至右手，惟矯正時應和諧漸進，以免使幼兒發生語言或情緒上的不適應。

Hildreth提出五項矯正幼兒左手習慣的原則（Beaty，1986；王鍾和，民國75）：

- 愈早愈好，最好在六歲以下。
- 幼兒兩手都可以交互使用。
- 改正過程是漸進的，不宜給予太大壓力。
- 激起幼兒改變的意願及動機。
- 幼兒智力在中等以上。

動作發展遲滯的原因及輔導

幼兒動作發展遲滯的原因很多，歸納以下八項：

- 受環境的限制，缺乏練習的機會。
- 父母過分保護，過分驕縱，事事皆代替幼兒去做幼兒該做的事。
- 服裝不合身，如給幼兒穿太緊或太寬鬆的衣服。
- 體型或身材的比例不合常態的標準，妨礙幼兒活動。
- 智力低下的幼兒，對動作的學習呈現遲緩的現象。
- 父母或師長管教態度不當，造成幼兒心理上形成恐懼與焦慮感，減少幼兒活動的動機。
- 幼兒營養不良，身體衰弱。
- 缺少鼓勵與誘因。

上述原因，可歸納為幼兒本身的因素、父母或師長的因素及環境的因素三大類，輔導時除應針對父母不良的保育措施進行必要的教育外，更應自幼兒本身著手：

- 建立幼兒自信心。
- 發掘幼兒潛能。
- 設法建立其人際關係。
- 妥善安排幼兒參加活動。
- 如係智能不足，則採特殊教育方式輔導。

參考資料

王步華。〈漫談幼兒動作的發展與輔與〉《幼兒教育季刊》第2期，頁77～83。民國77年。

王慧敏。〈兒童動作發展歷程與輔導〉《初等教育學報》台南師範學院第2期，頁383～398。民國78年。

王鍾和。《兒童發展》。台北：大洋圖書公司出版，頁160～163。民國75年。

林風南、陳英三、吳新華。《動作教育的理論與實際》。台北：五南圖書公司出版。民國77年。

林惠雅。〈坐、爬、走、跑、跳！幼兒動作技巧的發展〉《學前教育月刊》第11卷7期，頁11。民國77年。

洪靜安。《兒童發展與輔導》。台北：國立編譯館主編，正中書局印行。民國73年。

黃天中。《兒童發展心理學》。台北：東華書局出版，頁228。民國70年。

夏滌生（譯）。《學齡前的兒童教育》。台北：桂冠圖書公司出版。民國76年。

張欣戊。《發展心理學》：賴保禎等編著。台北：國立空中大學印行，頁56、60。民國82年。

蘇建文、盧欽銘、陳淑美。〈一歲至二歲嬰兒身心特質之發展(1)：動作能力之發展〉《教育心理學報》第20期，頁1～16。民國76年。

蘇建文、鍾志從。〈出生至一歲嬰兒動作發展的縱慣研究〉

《教育心理學報》第17期，頁73～98。民國73年。

Beaty, J.J. (1986) *Observing Development of the Young Child*. Ohio: Merrill, p.155.

David, L.G. (1982) *Understanding Motor Development in Children*. N.Y.: John Wiley & Sons, 359.

Halverson, H.M. (1931) An experimental study of prehension in infants by means of systematic cinema records. *Genet. Psych. Monograph,* 10,107-286.

Lamb. M.E. and Campos, J.J. (1982) *Development in Infancy*. New York, Random House.

Sandar, A. (1987) *Early Childhood Development: prenatal through Age Eight*. Ohio: Merrill. 143-144.

第4章

智力發展

- ◎ 智力的意義
- ◎ 智力理論
- ◎ 智力發展的現象
- ◎ 影響幼兒智力發展的因素
- ◎ 智商的分布
- ◎ 如何啓發幼兒智力發展
- ◎ 智力的差異與輔導
- ◎ 參考資料

智力的意義

在人類的各種心理特質中，最廣受重視的，就是智力(intelligence)，尤其在各級教育階段轉換時，智力測驗常被廣泛地使用，用以預測學校成就(school achievement)，以作為學生能力分組的依據（陳淑美，民國78）。究竟智力是什麼？是智商(I.Q.，intelligence quotient)？智慧(wisdom)？還是某一方面特有的能力？為什麼它可以用來作為能力分班的依據？以下即舉一實例及學者專家的看法加以說明。

耶魯大學心理學家沙拉森(Sarason)追憶一九四二年一件往事，當時他在康州(Connectieut)一所智障兒童訓練學校工作，學校位於偏遠的郊區。有些受訓的學生曾私自溜出學校，為躲避老師們的注意，迂迴穿過森林而循路回家。事後他用一種非語言的智力測驗測量他們的智商，結果令他十分困惑：這些智障兒童連最簡單的問題都不會，但卻能夠在森林和道路上計劃、辨別、回憶而找到自己的家。「智力測驗似乎無法反映這些孩子們的心智狀況。」他說。(McKean，1986)。

在實際生活裡我們也常常會發現相似的例子：有些頗有成就的人智商不高，而許多高智商者卻表現平平，乏善可陳。到底智力是什麼？許多人如同上述的例子混淆不清，或有所懷疑，亦有許多人對它造成誤解，國內學者胡永崇（民國77）、楊國樞（民國75）特別針對一般人對智力的誤解作了一番澄清：

智力不是智慧，也不是智商

智力與智慧兩種能力並不相同，一個人可以有很高的智力，但可能沒有很好的智慧（楊國樞，民國75），例如，有人益智型電動玩具打得很好，下棋下得很好，電腦程式設計能力很強，但對於實際生活與人際關係卻處理得不好，前者是抽象思考能力的運用，受智力影響較大，而後者則屬於社會歷練，是智慧的運用，受後天環境之影響較大。智商與智力亦不相同，以心理年齡除以實足年齡之商數，再乘以一百，即為智力商數，是表達智力的一種指標而已，採用不同的智力測驗，就有不同的智商。

智力不代表創造力

研究發現，若以智力中上之群體為樣本加以研究，則發現智力與創造力之相關並不高。易言之，高智力者未必具有高創造力，而高創造力者則至少需具備中等以上的智力（胡永崇，民國77）。智力測驗所評量的較屬個體的「聚斂性思考」，創造力測驗所評量的則較屬個體的「擴散性思考」；且一般而言，智力受先天決定的成分較大，創造力則可藉後天之訓練而獲致明顯的效果（張春興，民國77）。

不應過分相信智力與學業成就間的相關性

智力測驗對於學業成就具有重要的預測能力固然不錯，且智力測驗所預測最主要的也是業學成就，但我們更須知道，影響幼兒學業成就的因素極多，除智力外，諸如健康狀況、情緒、動機、父母師長的態度、過去經驗、教材教法等

等皆對幼兒的學業成就有明顯的影響（胡永崇，民國77）。因此，相同智力的幼兒，由於這些因素不盡相同，其學業成就也可能互異，甚至資賦優異兒童也可能出現低成就的現象。正如MacMillan(1977)所言「各種能力測驗（包括智力測驗）皆僅只於評量目前的表現(current performance)，而非評量其天賦的能量或潛能。因此，任何根據智商而對幼兒之能力、未來狀況所作的推論判斷皆屬不當」。

在對智力的概念作了一番澄清之後，我們不禁會問：到底什麼是智力？迄今心理學者對它尚無共同認定的定義，惟可從各種角度歸納出三項大多數學者均認同的定義（Robinson & Robinson，1976；楊國樞，民國75；胡永崇，民國77；簡茂發，民國77；陳淑美，民國78；賴保禎，民國78）：

智力是個體適應環境的能力

此學派係由生物學的觀點界定智力，以為智力是適應新生活和解決新問題的能力。適應能力的大小，就是個體智力高低的表現。智力高的個體，遇有新的環境，多能隨機應變，應付自如。如同斯敦(Stern)所言：「普通智力就是個體對於新環境充分適應的能力」。

智力是個體學習的能力

此學派係由教育心理學的觀點來界定智力。智力高的人，能夠學習較難的材料，不但學習速度快，且學習效果亦大。反之，智力低的人，只能學習簡單的材料，不但學習時感到困難，且學習效果甚低。質言之，智力愈高的人，學習

能力愈大，學習能力的大小就代表其智力的高低。如同狄爾朋(Derborn)所言：「智力是學習能力及因經驗而獲得利益之能力」。

智力是抽象思考的能力

係由本質的觀點出發，認為智力就是抽象思考的能力(the capacity of abstract thinking)。智力愈高者，愈能運用其抽象思考力來解決問題，因此，他的判斷力、記憶力、注意力、想像力與創造力均表現優異。推孟(Terman)說：「一個人的聰明程度，與其抽象思考力成正比」。

綜上所述，智力實則為各種能力的總和，是個體抽象思考的能力，亦是個人學習的能力和適應新環境的能力。但是這些能力是一種天賦的潛能，是不能直接靠觀察而獲得，因此有些學者捨棄上述概念性的定義，而以操作性定義(operational definition)的方式來界定智力，如富理曼(Freeman，1943)認為「智力是運用智力測驗所測得的能力」。

智力理論

心理學家在編製智力測驗時，必須先分析智力的構成因素，再根據每一個因素，設計一套題目來測量。可是人類的智力究竟包含那些因素？以下就三種理論加以說明：

二因論

早期英國學者斯皮爾曼(Spearman)在一九二七年提出智力二因論(two-factor theory)，他以因素分析法分析出人

類心智活動只包括二種因素，一種是普通因素(general fac-
tor)，又稱爲G因素；另一種是特殊因素(special factor)，又
稱爲S因素。G因素是普通心理能力的指稱，爲一般心智活動
所共有，且是各種認知行爲的主要因素。S因素則代表個人某
種或某些特殊能力，如音樂、美術能力等，是個人學習專門
知識技能必備的能力。

多因論

　　美國心理學者桑代克(Thorndike，1927)否認普通因素
之存在，而主張智力是由許多相關而又不同的能力所構成，
他的觀點被稱爲多因論(multifactor theory)，他認爲智力分
爲三類：社會智力(social intelligence)、具體智力(concrete
intelligence)和抽象智力(abstract intelligence)，分別處理
有關人際、事務及語言、數學符號等問題。

群因論

　　美國心理學者塞斯通(Thurstone)與基爾福(Guilford)均
認爲人類的智力不能視爲單一的特質，而是由數種彼此獨立
的基本因素(primary factor)所組成。塞氏經由因素分析法
求得七種智力的基本心理能力P.M.A.(primary　mental
abilities)：

- 語文理解(V: verbal comprehension)：閱讀時了解
  文義的能力。
- 語詞流暢(W: word fluency)：拼字正確迅速與詞義
  聯想敏捷的能力。

- 數字運算(N: number)：正確而快速的運算能力。
- 空間關係(S: space)：空間關係及方位辨識的能力。
- 機械記憶(M: associative memory)：快速記憶能力
- 知覺速度(P: perceptual speed)：迅速而正確觀察與辨別的能力。
- 一般推理(R:general reasoning)：根據已知條件推理判斷的能力。

此七組能力在功能上相互獨立，但在統計上有些正相關，後來基爾福在一九六七年以多重因素分析法，分析各種智力測驗之因素，稱為「智力結構模式」(structure-of-intellect model)如（**圖4-1**），使智力的因素成為一個有組織的體系。他把智力結構分為三個向度的立方體，三向度分別代表處理訊息的運作(operations)、內容(contents)和結果(products)。亦即，心智的活動能藉著心理運作的種類（認知、記憶、擴散性思考、聚斂性思考、評鑑）、內容（四種型式，包括圖形的、符號的、語意的、行為的）和產生的結果（六種結果：單位、類別、關係、系統轉換、應用）而被了解。基氏再從此型態分析模式推演出一百二十種不同的智能(intellectual ability)（5運作×4內容×6結果＝120）。

一九八二年，因內容向度增為視覺、聽覺、符號、語意及行為等五種，智力因素增為一百五十種。到了一九八八年，運作向度又增為認知、短期記憶、長期記憶、擴散思考、聚斂性思考與評鑑等六種，構成智力的因素更增加為一百八十種（蔡崇建，民國80）。

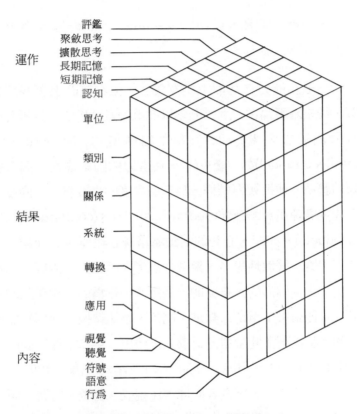

圖4-1　基爾福的智力結構模式

資料來源：轉引自陳淑琦，民國83年

智力發展的現象

人類智力發展,在發展的速率、年齡及性別上各有差異,分別說明如下:

智力發展之速率

胎兒在母體內即已有學習行為,為人類智力發展的起點(黃志成、王麗美,民國83)。根據心理學的研究,隨著年齡的增加,智力逐漸增長,但智力成長的趨勢為何,卻因各心理學者研究取樣的對象及所採用的測驗相異,而眾說紛云,其結果略有出入。麥肯列史(McCandless)綜合各家之研究結果發現最初五年智力發展最快,而且隨著年齡加速;在學齡期,加速之程度與年齡俱減,至十歲半時兒童的智慧已達成熟時的百分之四十,十八至十九歲以後智力發展漸次緩慢,有速度減弱的趨勢(轉引自賴保禎,民國82)。此結果亦同於桑代克(Thorndike,1927)認為智力之發展速率以兒童期發展最快,爾後逐漸緩慢之主張。除此之外,智力發展的速度也與人的智力高低有密切的關係,智力高的人發展速度較快,停止發展的年齡亦較晚,反之,智力低的人發展速度慢,停止年齡也較早。

智商的穩定性

心理學者多以縱貫法研究一群青少年,從嬰兒期到兒童期每間隔一年或數年進行智力商數的追蹤研究,然後進行其穩定性的比較。如Bloom(1964)之研究顯示,五歲以前的智商

與成熟時智商之相關程度不超過0.5，而十歲以後的相關程度則維持在0.85，此即表示，嬰幼兒早期智力測驗的預測性較低，亦即說明嬰幼兒期智力發展尚不穩定，而至兒童期以後，其智力發展則相當穩定。質言之，或許因幼兒智力測驗本身的因素，亦或幼兒身心變動較大所致，智商之變動以早年較大，爾後除非個體在健康、教育或家庭環境上有某種突出的顯著變化，一個人的智商通常呈現相當穩定的狀態。

智力發展之差異

智力發展的個別差異現象，可由瓊斯與哥納德(Jones & Conrad)在一九四四年的研究結果得知：瓊氏與哥氏追蹤測量五個智商均為九十二的七歲男童，研究顯示，每個男童從七歲至十二歲，個人智商增減不一，而至十七歲時，每個人智商的差距從八十至一百一不等，充分證實了智力發展的個別差異。此外，在性別與種族間是否存在差異，亦常被討論：

- 就全體而言，男女智商大體上是相等的，只是在項目上顯出些許差異，如男生對空間、機械與數字能力表現較佳，而女生則對語文、記憶、審美及社會能力表現較佳。

- 種族間的智力到底有沒有差異，一直是被爭論的，但許多智力測驗結果均有不一致的發現，而此不一致實為文化環境因素及文化不公平測驗造成的居多。

影響幼兒智力發展的因素

簡生(Jensen，1969)曾指出，人類智慧的發展，百分之八十由遺傳所決定，另百分之二十受後天環境的影響（引自McKean，1986）。簡生此一主張一經提出，立即受到教育界極大的爭議。但大部分心理學家所爭的僅是比重多寡的問題而已，極少人會採取絕對先天或絕對後天的觀點，且大部分仍認為智力是由遺傳與環境交互作用的結果。

遺傳

不容否認的，幼兒智力的發展，受遺傳因素的影響很大，研究遺傳與智力的影響大都以同卵及異卵雙生子、一般兄弟姊妹及無血緣關係的人為對象，研究其智商的相關係數。如英國著名的教育、兒童與統計心理學家伯特(Burt，1949)，曾對五十三對被分開教養的同卵雙生子進行智力的研究，發現雙生子智商的相關係數高達.88；簡生(Jensen，1969)也有同樣的研究發現，他計算智力的遺傳係數（heritability cofficient，此係數是用來界定一種族群體內所存在的智力差異中，可歸因於遺傳變項的部分）為.80，均證實遺傳與智力間具有高度的相關性。另外，高爾登爵士(Galton)以家譜法來研究天才與遺傳的問題，他將英國歷史上九百七十七個名人與同數的普通人的家譜作比較，發現名人的家譜中有五百三十五個名人家族，而普通人的家譜中僅有四個名人家族，因此他認為名人的家族易成名人，足以證明天才是遺傳的（轉引

自Vernon，1985）。

環境

　　智力的形成雖然得之於遺傳基因，但是也和後天環境有關，在遺傳基因上我們無能爲力去作任何改變，但卻可以改變環境，從小給幼兒好的環境，也就是給他種種好的刺激，以促進智力的發展。環境因素包括：

　　母胎內環境　胎兒之智力發展與母體之營養、是否感染某些疾病、放射線照射、情緒等有關，因而即使在母體內，亦需注意營養、衛生與胎教。

　　外在環境　即出生後之環境。過去有許多心理學者以老鼠作實驗，研究智力與環境的關係，發現個體如果從小生長在刺激豐富的環境裡，則它的智力高而且腦子也長得比較大，甚至愚笨的老鼠，其智力也會增加；刺激貧乏的環境則對聰明的個體不利，即使生物性的智力很高，也會變得魯鈍。由小老鼠的實驗推論到人類的身上亦然，因之不斷的改進幼兒的學習環境，使之豐富起來，則聰明的、魯鈍的孩子都會增加其智力。外在環境又可包括：

- 家庭環境：包括父母的教育程度、父母職業、社會地位、家庭經濟、家庭空間、家庭教育及家人關係等，均對幼兒智力發展有所影響，而其中又以父母教養態度及方式影響最大。
- 學校環境：教師教學方式、教學態度、教材內容、學校設備等。
- 社區環境：社區的社經水準、社區可供學習之設施及

社區環境等。

智商的分布

智商的意義

　　智力測驗係測量人類智力的一種客觀方法，是將抽象的智力予以量化的方法。而智力測驗的結果通常用智力分數(intelligence score)來表示智力的高低，但不同智力測驗所得的分數不能直接比較，所以在心理學上常以心理年齡或智力年齡(mental age，MA)來表示智力發展的程度。例如一個幼兒通過一般五歲幼兒能通過的問題，其智力即相當於五歲幼兒，心理年齡即為五歲。

　　德國心理學家史登(Stern)首創以心理年齡除以實足年齡(chronological age，CA)之商數，來表示智力發展相對的高低，此商數即為智力商數 (intelligence quotient，簡稱IQ) 。自此之後，根據智商評定智力高低的觀念，即普遍流行。推孟(Terman)採用這種方法，再以一百乘此商數，計算公式如下：

$$智商(IQ) = \frac{心理年齡(MA)}{實足年齡(CA)} \times 100$$

舉個實例加以說明。假設有一實足年齡五歲二個月的幼兒，如以月爲單位計算，其CA＝62，經過幼兒智力測驗測量之後，他得到的分數用月數表示時，如爲六歲二個月，其MA＝74，該幼兒的智力商數即爲：

$$IQ = \frac{MA}{CA} \times 100 = \frac{74}{62} \times 100 = 119$$

　　公式中之所以乘以一百，主要是可化爲整數，同時使心理年齡與實足年齡相等的人，具有智商一百，因此，一般人的智商大都在一百左右，凡超過一百者，表示其智商優於一般人，而小於一百者，其智商則低於一般人。

智商的分布

　　藉由智力測驗，可測出一個人的智商，而人類的智商是常態分布的，一般多集中在中等智能者，極優與極劣均僅是少數人。我們常將智商(IQ)分成七個層次，其人口百分比大致如 (**表4-1**)：

　　將智商分層次，雖對測驗結果的解釋比較方便，但因正常人與心智遲滯者或正常人與優異者之間，很難劃分出明顯的界線，如有許多智商六十的人，生活適應的很好，但有些智商一百的人卻經常需要人照顧，因此，此智力等級僅是一個參考分數，尤其在界定智能不足者時，不能僅以智力商數爲一鑑定標準，尚須將其智力與行爲適應同時加以考量。

表4-1　人類智商分佈情形

智　力　層　次	智　力　商　數（ IQ ）	人　口　百　分　比
極　　優　　異	140 以上	1.3%
優　　　　　異	120－139	11.3%
中　　　　　上	110－119	18.1%
中　　　　　等	90－109	46.5%
中　　　　　下	80－89	14.5%
臨界智能不足	70－79	5.6%
智　能　不　足	69以下	2.7%

資料來源：Merill，1938；蔡春美，民國73年

如何啓發幼兒智力發展

　　均衡的營養　啓發幼兒智力發展，首需注意充足、均衡的營養，如此可促進腦細胞的正常發展，因之，不論在母胎內或出生後的環境中，均需有充足的營養。

　　提供適當的刺激　從出生後，即應按幼兒不同年齡的心理需求，提供足夠、適當的刺激，以利幼兒智能發展。

　　參與幼兒活動　父母及保育員應多參與幼兒的活動，如此除可增進彼此的感情外，更可在活動中給予適切的指導，以激發幼兒智能發展。

　　給予更廣、更豐富的學習環境　擴展幼兒生活空間，從家庭到社區，並隨時提供旅遊、參觀等活動，增加幼兒知識。

智力的差異與輔導

天生我材必有用，不論是智力高或智力低下，均有其存在的價值，而此價值需透過適度的教育與輔導，協助每一個個體發揮其先天的稟賦與特長，以彌補可能的缺點，達到自我實現及對社會有所貢獻，方為教育的目的。

依據我國特殊教育法的規定，資賦優異與智力遲滯（即智能不足）兒童均屬於特殊兒童，因其係心智上的偏離，在目前特殊教育中，是較受重視的一群，以下即分述此兩類兒童在身心特質上的差異與輔導方法：

資賦優異兒童

談及資優兒童的輔導之前，應對資優兒童的界定及身心特質有所了解，俾以針對其特有的身心發展進行必要的輔導。

定義　被廣泛接受的資優定義是由美國教育諮詢委員會的委員馬蘭(Marland，1972)所提出的，他的界定已突破了過去僅侷限於語文能力靈巧兒童方為資優兒童的界定，而承認資優者應擁有各方面的能力。他認為凡兒童能力在以下的領域裡，表現出顯著的優異成績，或是優異的潛在學習能力，即為資優兒童：

- 一般的智力。
- 特殊的學業性向。
- 創造性、生產性的思考。

- 領導能力。
- 視覺和表演藝術能力。（原本第六項「心理動作能力」已在美國聯邦教育署的定義中被刪除）。

依我國特殊教育法施行細則第九條規定，所稱資賦優異包括一般能力優異、學術性向及特殊才能優異三類。顯示資優兒童除學業能力或智力方面的過人外，尚包括其他特殊的才能。

身心特質 茲分述如下：

- 生理特徵：美國史丹弗大學心理學教授推孟(Terman)從一九二〇年後即持續追蹤一千五百二十八名資優兒童達三十五年之久。根據推氏的研究，在體格與健康狀況方面，高智商兒童超過一般的美國標準。出生時體重較一般兒童平均重四分之三磅，身高與體力也較優，比一般兒童早一個月學走路，早三個半月學說話。醫學上檢查的結果，在感覺缺陷、蛀齒、姿勢不良、營養不良的出現率，比一般校醫所作的最佳醫學調查還要低；且這些資優兒童生理上的優異會保持相當的歲月。充分顯示了資優兒童在身高、體重、健康、動作技能均優於一般兒童。
- 心理特質：根據推氏的研究，資優兒童在學術方面，對抽象思考課程，如文學、辯論、古代史較一般兒童更有興趣；在由七項人格分測驗組成的人格綜合測驗中，測驗結果，每一項的評分均高於一般水準；欺騙與誇張的傾向，較一般兒童低；對書本的選擇與愛

好，較完整而成熟；在情緒穩定測驗上的得分，高於
平均數。種種追蹤測驗顯示資優兒童具有思考能力
強、機智、記憶力好、語言發展好、情緒穩定、有自
信、理解力強及興趣廣泛等心理特質。

資優兒童的輔導　由以上分析可知，資優兒童人格特質
的研究，已否定了已往刻板印象中的才子多病、行爲乖戾、
情緒不穩定及生活適應困難的說詞，當然，資優兒童的行爲
及適應的確仍有不少問題，而輔導的目的，在於協助兒童修
正其行爲的缺失，發展其健全的人格。以下即分別提出日常
生活的一般輔導及三種教育制度：

- 一般輔導原則：盧美貴（民國74）歸納了十點基本輔
  導原則如下：
  a.協助資優兒童明瞭自己的生活態度，決定自己的方
  　向及所要達成的工作，並負起責任。
  b.教師要幫助資優兒童解決困難，促使其自我輔導與
  　自我實現。
  c.輔導不止於個人潛能的發揮，它包括人的整個生
  　活，亦即智能、身體、情緒、品格以及群性的發展。
  d.協助資優兒童建立開放的人際關係，不但能實現自
  　我，悅納別人並服務人群。
  e.利用個別及團體輔導技術，解決資優兒童的問題，
  　進而發展其健全人格。
  f.改變互相比較的成績評分辦法爲自我比較的評量。
  g.定期追蹤測驗並加以輔導。

h. 教師與父母隨時聯絡，並加強行為的輔導。

i. 幫助兒童面對挫折的失敗。

j. 培養自信心與提供兒童成功的經驗。

- 三種教育制度：張春興與林清山教授（民國70）提出三種資優兒童的教育制度：

a. 加速學習制：加速由一個年級水準進入次一年級水準，但不省略某些部分必須學習的材料，因而與跳級有別。

b. 充實制：即資優兒童仍留在一般正規班中，但以各種方法來充實他們的經驗與學習，故稱為充實制(enrichment)。充實制又可分為水平充實制(horizontal enrichment)及垂直充實制(vertical enrichment)兩種。水平充實制是提供更多同等難度的作業，而垂直充實制則是提供較原教材難度為深的作業。

c. 特殊班級制：即把資賦優異者改在特殊班級中教學，課程及教材教法與一般班級不同。現常以資源教室來進行，即少數幾科在資源教室上，而其餘科目仍在一般班級中進行。

智能不足兒童

定義　美國智能不足協會（American Association on Mental Retardation，簡稱AAMR）對智能不足所下的定義係目前被引用最廣泛的一種。其定義為「智能不足係指在發展期間，即已產生一般智力功能明顯低於常態之現象，因而造成或伴隨著適應行為方面的缺陷。」（轉引自Grossman，1983）。

此定義較以往學者僅就個體智力發展遲滯來界定智能不足者，更強調因生理上的缺陷而導致行為適應的困難，亦即智能不足實則包含此兩種涵義。因而其具體的鑑別要件包括：

- 智力功能低下：智商在七十以下之兒童即為智能不足，需特殊的扶助。
- 適應行為：係指一個人適應其自然及社會環境的能力。可由三方面來加以觀察：
  a.成熟：嬰幼兒期各種動作技能（如吃飯、穿衣）之發展速度。
  b.學習：指經由經驗而獲得知識的能力。
  c.社會調適：與人相處的能力和關係。

身心特質　一般說來，智能不足兒童在身心方面具有以下特質：

- 生理方面：身高、體重、健康及動作發展較差。
- 心理方面：自我中心強、自卑、挫折感大、情緒不穩。
- 學習方面：記憶力差、缺乏興趣、學業成就低。

- 社會方面：人際關係差、自我中心、非社會行為及反社會行為之表現。

類型　智能不足兒童依其接受教育的可能性分述如下 (Gallagher，1972；蔡春美，民國73；陳淑琦，民國83) ：

- 養護性智能不足兒童：此類兒童約佔總人口數的千分之一；具有以下特徵：
  a.心理年齡多低於三歲，智商在二十五以下。
  b.常伴有其他身體上的缺陷，即多重障礙，如一個智能不足兒童可能同時有腦性麻痺或聽覺障礙。
  c.感官與動作的協調能力很差，行動笨拙，無法拿取細小物件。
  d.常無法自我照顧，日常生活（如洗澡、穿衣）均須靠他人料理。
  e.甚至無法以口語溝通，情況較佳者也僅能說極簡單的語言。
  f.無法接受學校教育。
- 可訓練性智能不足兒童：約佔總人口的千分之三；此類兒童雖不致如養護性智能不足兒童般嚴重，但其在嬰兒或幼年時期，即因身體上的缺陷或異常，或因有很明顯的語言、行動方面的遲緩而立即被人看出是智能不足，具有以下特徵：
  a.心智年齡約在四至七歲，智商在二十五至四十九之間。

b.經由訓練，已具有能處理身邊事務的自理能力。

c.在家庭或近鄰中，有部分社會的適應力。

d.可從事簡單的生產活動。

- 可教育性智能不足兒童：約佔總人口的百分之二點六；此類兒童其實就是一個兒童，僅因其智力低於正常標準，而無法從一般的教育課程中得到充分的學習。具有以下特徵：

  a.心智年齡約在八至十二歲間，智商在五十至七十之間。

  b.具有屬於小學各年級之學科方面的可教育性。

  c.社會適應的可教育性，達到在社區中能完全自立的程度。

  d.成年後，幾乎能全部或部分適應成人標準的職業適應能力。

產生原因　Birch & Cussow(1970)指出「在懷孕、分娩及生產前後之任一時期，對嬰兒都有潛在性的傷害，尤其對經濟能力低下者及受歧視之民族更具威脅性。」因之，造成智能不足的原因可依整個生產前後區分為遺傳的原因、出生前、出生時、出生後及產後環境等因素。

- 遺傳：係父母雙方或一方因智能不足或具有造成智能不足的遺傳疾病（如苯酮尿症、單乳糖血症），或因染色體異常（一般染色體異常易導致道恩氏症候，或俗稱的蒙古症）而生出之子女亦為智能不足者。

- 產前原因：因孕婦的營養不良、感染梅毒或懷孕頭三

個月感染德國麻疹或其他疾病、過量X光照射、母親吸毒、酗酒造成胎兒酒精症候群，或因高齡產婦等諸多原因造成。

- 產時原因：因生產過程中耗時長久的難產，導致胎兒窒息，腦部缺氧，以及使用鉗子（或吸引器）分娩而致腦傷所致。

- 產後原因：在嬰幼兒時期，發生某些情況和疾病，亦會造成智能不足兒童，如因中樞神經系統感染特殊濾過性病毒而致腦炎，或因細菌感染造成腦膜發炎、嚴重的營養不良、腦傷及發燒過度等意外事件均將造成幼兒智能不足。

- 環境因素：環境因素是否造兒童智能不足的後天原因，雖不十分清楚，但許多心理及教育學家深信，其扮演了很重要的角色，就如同許多學者專家指出受限制的環境是導致少數民族或較低生活水準之兒童成為發展遲緩者的主要原因之一，此類兒童通常稱為文化家庭性智能不足兒童。

輔導方法 針對智能不足兒童進行輔導，首先需認清輔導的目的並非期望提高其智商，而是要幫助他們獲得自我照顧的能力，減少依賴別人和造成別人的負擔，甚至使謀得一技之長，受僱於人，獨立生活。因此。輔導目標應是漸進的：最基本的，應養成其生活的自理能力，如學習自己吃飯、穿衣、大小便等基本生活技能；接著，協助其學習基本的生活知能，如洗衣、灑掃等家事技能；再者，幫助其改進社會適

應能力，使其能和他人建立和諧的人際關係，並培養出對他人的責任感；乃至於安排適合他們的職業技能訓練，並開拓就業機會。

在輔導過程中，除應多安排實際的操作，給予智能不足兒童多一點的練習機會，使其熟能生巧外，輔導過程亦需嚴守以下六大原則：

- 多鼓勵少責罰，以增進其信心。
- 善用行為改變技術，矯正其不當行為。
- 鼓勵家長的合作，並參與教學。
- 提供最少限制的學習環境。
- 採用個別教學或個別化教學。
- 運用過度學習的原則，不斷使其重複演練，以使各種技能成為牢固的習慣。

行為改變技術的運用 欲針對智能不足兒童的某一行為加以修正，可運用行為改變技術。行為改變技術的基本原理包括利用增強物來增加某一行為，或藉由懲罰、消弱其不當行為，實施原則如下：訂定行為目標；輔導者宜與智能不足兒童訂立明確、合理的契約；找出對智能不足兒童最有效的增強物或懲罰（儘量避免）方式；應用增強物或施以懲罰（儘量避免）；增強次數要因時制宜；輔導者要堅持原則。

參考資料

林寶貴。《特殊兒童心理與教育新論》。大學館出版社,頁
　　151~238。民國73年。

胡永崇。〈智力、智力測驗與智兒不足〉。國教天地,第75
　　期,頁8~11、頁31~54。民國77年。

陳淑美。〈智力的定義與理論㈠〉。諮商與輔導,第45期,
　　頁28~31。民國78年。

陳淑美。〈智力的定義與理論㈡〉。諮商與輔導,第46期,
　　頁22~24。民國78年。

陳淑琦。《心理學》:郭靜晃等著。台北:揚智文化事業股
　　份有限公司,頁307~333。民國83年。

黃志成、王麗美。《兒童發展與輔導》。台北:頂淵文化事
　　業有限公司,頁28。民國83年。

張春興。《心理學》。台北:東華書局出版。民國77年。

張春興、林清山。《教育心理學》。台北:東華書局出版。
　　民國70年。

楊國樞。〈對智力的了解與誤解〉。科學月刊,第17卷第12
　　期,頁948~952。民國75年。

蔡春美。《兒童發展與輔導》。台北:國立編譯館主編,正
　　中書局印行。民國73年。

蔡崇建。《智力的評量與分析》。台北:心理出版社印行。
　　民國80年。

賴保禎。《發展心理學》。台北:國立空中大學印行,頁447

〜455。民國82年。

盧美貴。《國小特殊教育》。第5期。民國74年。

簡茂發。〈幼兒智力測量的方法與問題〉。幼兒教育年刊第二集，頁3〜8。民國77年。

譚光鼎（譯）。〈智力的理論〉。現代教育，第10卷12期，頁116〜127。民國77年。

Bloom, B.S. (1964)　*Stablity and Change in human characteristics.* New York: Wiley.

Birch, H.G. and Gussow, J. (1970)　*Disadvantaged children.* New York: Harcourt/Brace Jovanovich.

Burt, C.L. (1949)　The structure of the mind: A review of the results of factor analysis. *Br. J. Educ. Psychol.* 19:100-11,176-99.

Freeman, F.N. and Flory, C.D. (1943)　*Growth in Intellectual Ability, Child Behavior and Development.* New York: McGraw-Hill, 147-160.

Gallagher, J.J. (1972)　The special education contract for mildly handicapped children. *Exceptional Children,* 38(March), 527-535.

Grossman, H.J. (1983)　*Classification of mental retardation.* Washington, D.C.: American Association on Mental Deficiency. 11.

Guilford, J.P. (1967)　*The nature of human intelligence.* New York: McGraw-Hill.

Jensen, A.R. (1969)　How much can we boost IQ

and scholdatic achievement? *Harvard Educational Review,* 39,1-123.

Jones, H.E. and Conrad, H.S. (1944)   Mental development in adolescence, in *National Society for the study of Education, 43d yearbook, part I,Adolescence,* Chicago Press.

Marland, S.(Ed.). (1972)   *Education of the gifted and talented. Report to the Congress of the United States by the U.S. Commissioner of Education.* Washington, D.C.: U.S. Covernment printing Office.

Mckean, K. (1986)   *Theories of Intelligence.* Dialogue, 4,65-70.

Merrill, M.A. (1938)   The significance of IQ'S on the revised Stanford-Bined. *J. Educ. Psychol.,* 26, 641-651.

Robinson, H. and Robinson, N. (1976)   *The mentally retarded child(2hd ed.).* New York: McGraw-Hill.

Spearman, C. (1904)   General intelligence, objectively determined and measured. *Am. J. Psychol.* 15: 201-93.

Terman, L. and Oden, M. (1947)   *Genetic Studies of Genius. Vol. 4. The gifted child grow up.* Stanford, Calif.: Stanford University Press.

Thorndike, E.L. (1927)   Early interests their permanence and Relation to abilities. *School and society*, 5,178-179.

Thurstone, L.L. (1924)　*The Nature of Intelligence: A Biological Interpretation of the Mind.* N.Y.: Harcourt, Brace.

Vernon, P.E. (1985)　Intelligence: Heredity-environment determinants In T. Husen, & T.N. Postlethwaite(ed.) *The international encyclopedia of education.* Oxford: Pergamon Press.

第5章

認知發展

認知發展的定義

認知(cognition)是指人類如何「獲取知識的歷程」，亦即「從無知到懂事的歷程」。認知發展則指幼兒如何從簡單的思想活動逐漸複雜化，經過分化的過程，對內在和外在事物，做更深入的領悟，而更客觀系統化的認知之歷程。在獲取知識的過程當中，因新知識或經驗所涉及的素材與幼兒原有的認知結構不相符合，原有結構無法容納新的因素，因此可能同時產生兩種情況：

同化

當幼兒遇到一件新的經驗時，他將此經驗納入自己既有的認知結構中，並不斷重複此一經驗活動，形成新的認知結構，此即所謂的同化(assimilation)作用。例如：舊認知架構：杯子是喝水的；吸收新知識：除喝水外，杯子還有許多用途。

調適

由於許多新的事物與幼兒原有的活動或知識不相容，甚至相對抗，因此幼兒在學習或適應這些新事物時，就必須改變原有的認知結構，來適應外在的環境事物，此即所謂的調適(accommodation)作用，或稱調節作用。例如，原來認知架構：四條腿的動物是貓；改變認知架構：四條腿的動物有貓、狗、馬……。

同化與調適若能取得平衡即為「適應」(adaptation)；

而同化作用與調適作用的過程及使兩者維持平衡的努力，就皮亞傑(Piaget)而言，便是認知發展重要控制的因素。

皮亞傑的認知發展理論

皮亞傑（1896～1980年）是瑞士認知心理學家，以兒童認知的發展為研究重點，因此其理論又稱為認知發展理論。哈佛大學認知心理學家(Kagan，1980)指出：「皮亞傑即使不是空前，也是本世紀最具影響力的認知發展論者」。

皮亞傑從兒童認知發展的領域，諸如語言與思想、邏輯與推理、概念形成、道德差異等深入研究，並以生物學的知識為背景，主張認知的發展與智慧的成長是同步進行的，因此，其最主要想回答的問題是「知識是如何發展的？透過什麼過程，一個人能從較低層次的知識進展到較高層的知識？亦即幼兒的認知是如何一步步發展起來的？」

皮亞傑認為幼兒從出生到成人的認知發展不是一個數量不斷增加的簡單累積過程，而是結構組織與再組織的過程，因此以按照認知結構的性質把整個認知發展劃分為幾個時期(period)或階段(stage)，每一階段均產生與上一階段不同的認知能力，代表兒童獲得了適應環境的新方式，所以又稱為「階段理論」。由於每個階段各有其行為上的特徵，各階段的發展不但是連續不斷且有一定的順序，階段不能省略，順序也不能顛倒，以下即分別說明認知發展的各個階段(Piaget，1952，1977)：

感覺動作期

感覺動作期(sensory-motor period)，此期自出生至兩周歲，甫自呱呱墜地的嬰兒，有不少的感覺器官已能發揮功能，如他已有視、聽、痛、觸、味覺等，且面對物體時，亦能覺查出顏色與形狀。此期幼兒主要靠身體的動作及由動作獲得感覺去認識他周圍的世界，口的吸吮和手的抓取是幼兒用以探索世界的主要動作。此期主要認知發展特徵如下：

- 反應由外界所引導。
- 經由動作進行思考。
- 時間知覺僅限於現在。
- 空間知覺只限於眼前。
- 後期已有方向感。

此期後期已具備「物體恆存概念」，例如，置於眼前的玩具若突然消失了，會開始尋找。

準備運思期

準備運思期(preoperation period)又稱前操作期或運思前期，約從兩歲至七歲。皮亞傑又將此期分為兩個階段：

前概念階段(preconceptual sub-stage) 約從兩歲至四歲，或稱運思前期，此期之特徵為自我中心、直接推理、記號功能、集中注意。

直覺階段(intuitive sub-stage) 約從四歲至七歲。此期幼兒在面臨以前經歷過的簡單情境時，常依直覺或過去的經驗推理，而往往只知其一不知其二，常易歪曲事實，故又稱

為直覺智慧期。另一方面此期幼兒的符號系統已開始形成，如幼兒遊戲時，會用竹桿當馬、小木凳當火車，竹桿與木凳即是一種符號，用來代表真正的馬及火車，皮亞傑認為幼兒具有此種能力之後，行動的範圍得以增加，不再侷限眼前環境中的事物也能喚起過去，並預期未來事件。

綜言之，此期幼兒主要認知發展特徵如下：

- 能藉單字和符號功能來說明外在世界及內在的自我感受。
- 用直覺來判斷事務，仍有自我為中心的傾向。
- 觀察事務只會集中注意力在某一顯著的特徵上，而無法注意到全面。
- 只會作單向思考，尚無法應變。
- 有短距的過去、現在和未來的時、空觀念。
- 對自然界的各種現象，採取想像的方式加以說明。
- 對任何事物都會賦予生命，例如視月亮亦有如人般的生命，人走路時，月亮亦隨人移動，當人休息時，月亮就停止不動。

具體運思期

具體運思期(concrete operation period)又稱具體操作期，約從七歲至十一歲。此期兒童已能以具體的經驗或具體物作邏輯思考，故又可稱為「具體智慧期」，此時期的思考模式，有五種特徵，而有別於運思前期的認知：

- 兒童能將邏輯思考的歷程，應用於解決具體的問題。

- 兒童於七、八歲時已具有了保留概念。
- 由籠統而至分化的思考。
- 由絕對而至相對的思考。
- 由靜態而至動態的思考。

　　必須進一步說明的是，進入具體運思期的兒童，是已充分具有「保留」能力〔保留概念(conservation concept)說明於四〕的階段，如一般數量、質量、重量的保留概念均已發展完成，可逆性、對稱性、與非對稱性、加法性和乘法性亦已具備。不過此階段之認知尚不能完成抽象的假設，尚需藉「具體物」以協助認知，此即小學教學為何一定要有教具的重要理論依據。

形式運思期

　　形式運思期(formal operation period)又稱形式操作期，約從十一歲至十五歲。此期兒童思考能力漸趨成熟，可以不藉具體實物，而能運用概念的、抽象的、純屬形式、邏輯方式去推理，故又可稱為抽象智慧期或命題運思期。此時期認知發展有四大重要特徵：

- 兒童之心理運思體系已獲得高度平衡，其思考能力具有順性，且充分有效。
- 兒童能想像來自情境的各種可能性，不僅限於以具體事物為思考的對象。
- 假設或演繹推理。
- 科學或歸納推理。

皮亞傑的認知發展理論中，在幼兒期，包括上述感覺動作期及準備運思期兩個階段。一般而言，資賦優異兒童可能會提前進入各階段，而智能不足兒童不但會延後進入各階段，甚至永遠無法進入後期、層次較高的階段，例如：輕度智能不足兒童可能永遠無法進入形式運思期，中度智能不足兒童可能永遠無法進入具體運思期及形式運思期，而重度智能不足兒童可能永遠無法進入準備運思期、具體運思期及形式運思期。

布魯納(Bruner)的認知發展理論

　　另一位具影響力的認知心理學家為布魯納，其強調之認知發展理論與皮氏頗為相似。布魯納特別強調表徵概念，他認為兒童經由動作、影像和符號三種途徑，將經驗融入內在的認知結構中。以下即分析介紹動作表徵、影像表徵及符號表徵等三種認知模式(Bruner, et al., 1966)：

動作表徵期

　　為六個月到兩歲嬰兒最常用的認知方式，類似於皮亞傑的感覺動作期。此期幼兒以動作(enactive)了解周圍的世界，他用手去摸，用口去嚐，靠動作的結果獲得經驗。

影像表徵期

　　約二、三歲以後，類似皮亞傑的準備運思期及具體運思期，兒童已能運用視覺、觸覺去了解周遭事物，能以影像

(iconic)來代表外界事物，不必事事靠直接行動的感覺。五至七歲間是此期認知發展最明顯的階段。

符號表徵期

此期與皮亞傑的形式運思期相重疊，爲認知的最高形式，也是最重要的階段。兒童思想已逐漸接近成熟，已能透過文字、數字及圖形等符號來代表他所認知的環境或知識。

以上三種認知模式，亦可說是認知發展的三個階段，但是，這三種表徵系統是依序發展而互相平行並存，即每一新認知方式發展出來以後，前一階段的認知方式仍繼續發生認知作用，例如：在符號表徵階段仍包含許多動作及影像表徵的認知方式。

布魯納強調表徵概念的認知發展理論與皮亞傑的認知階段論雖頗爲相似，但仍有以下幾點差異（蔡春美，民國73；梁恆正，民國64）：布氏強調的是認知能力與內涵的結構化發展，不若皮氏強調階段的明確劃分；布氏主要從心理的歷程加以論證，不若皮氏以數學和邏輯爲基礎，傾向形式的探討；布氏認爲幼兒智能的發展未必受年齡的絕對限制，不若皮氏以年齡來區分認知發展的階段；布氏強調智能發展過程與教育必須連在一起，有效的教學方法必能加速幼兒智能的成長。

保留概念

　　由準備運思期發展至具體運思期，最顯著特徵爲各種保留概念的發展，所謂保留概念即兒童在面對同一物體的各種變化（如改變物體的形狀、位置、方向）時，能了解到該物體的若干特性（如大小、長度、數量等）仍維持不變能力。

　　不同內容的保留概念，其獲得的時間有先後的不同，如兒童先發展數量的保留概念，再依序發展長度、重量、面積之保留概念；而一般來說，兒童對於各種量的保留概念，是隨年齡增長而愈加正確的。以下即以「保留概念發展時間表」說明各種類別的保留概念發展的時間（如**表5-1**）：

表5-1　保留概念發展時間表

時期	保　留　概　念　的　發　展	約　略　年　齡
具體運思期	連續量與非連續量的保留概念 數量的保留概念	7　歲
	質量的保留概念	7 - 8歲
	長度的保留概念	8　歲
	重量的保留概念	9 - 10歲
形式運思期	區域的保留概念	11　歲
	容積（或密度）的保留概念	11 - 12歲
	高度的保留概念	12 - 14歲
	移動的保留概念	14　歲

資料來源：參考 Schaffer,1985；幸曼玲，民國82年及蔡春美，民國73年

以下即分別介紹各類保留概念之意義及測量方式，若兒童能作正確的反應，即表示該兒童之認知發展已進入具體操作期，否則仍停留在準備運思期（蘇建文，民國62；劉錫麒，民國63）：

重量保留概念

指兒童對物體的重量，不會因物體外形的改變而有所增減，而能保持其對原有重量的認知能力。皮亞傑學派的典型實驗，是將兩個大小、形狀、重量相同的泥球給兒童看，然後把其中一個作成薄餅狀、香腸狀或糖果狀，問兒童兩者重量是否相同？

液體保留概念

指兒童對液體物質的量，不受容器形狀的變換而增減的認知能力。可將液體從一個高、窄的杯倒向矮、寬的杯中，或從大杯倒向小杯，問兒童大杯子和小杯中的液體是否一樣多？

體積保留概念

　　指兒童對於同體積的物體,不論其形狀與重量如何改變,所佔去的空間是一樣的認知能力。例如限制兒童在兩塊面積不同的板子上,用積木蓋兩棟體積大小相同的房子,看看兒童是否會在面積小的板子上用較多積木蓋高度較高的房子,而在面積大的板子上蓋較矮的房子。

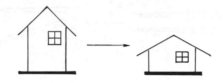

數量保留概念

　　指兒童對於數量的多少,不受空間距離與排列狀況的改變而增減的認知能力。可將十粒小豆豆均分為兩堆,其中一堆五粒放在一塊木板上,另一堆則將三粒放在一塊木板上,兩粒放在另一木板上,問兒童這兩堆小豆豆的數量是否一樣?

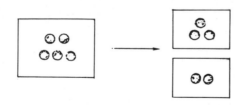

長度保留概念

指兒童對物體的長度，不論位置如何改變，其長度恆常不變的認知能力。測驗方式為：把兩根大小相同的筷子放在兒童面前，讓他確定兩根一樣長，再移動其中一根筷子到別的位置，讓兒童指出兩根筷子長度是否一樣？

序列保留概念

係指兒童在處理物體差異時，能按照大小、長度或重量的次序排列的能力；但各種序列能力的獲得，亦有其發展的典型年齡：兒童最先獲得的是排列長度次序的能力，約在七歲左右，相當於具體運思期的開始，其次是重量次序排列的能力（即將同樣大小但重量不同之物體排列的能力）約在九歲時獲得；至於體積序列的安排能力，須等到十二歲左右才發展完成。

影響認知發展的因素

　　幼兒認知的發展，究竟受何種因素的影響，一般有三種不同的看法：主張的智能與人本身的生理成熟有關，即成熟論或先天論；主張人出生時猶如一張白紙，需透過學習環境中的經驗或文化，促成認知的發展，是爲經驗論；而皮亞傑則採取折衷論者，認爲個體因素（天賦因素、成熟因素）與後天環境（或社會文化因素）兩者同時影響幼兒之認知發展，故又稱爲交互作用論(interactionism)。

　　以下即分別說明這兩類因素如何影響幼兒的認知發展（蔡春美，民國73）：

個體因素

- 年齡：就像皮亞傑將幼兒的智能以年齡劃分爲若干階段，隨著年齡的增長，幼兒的智能亦逐漸發展成熟，尤其在某發展範圍內與幼兒年齡成直線函數關係；但年齡只能當作一個參考因素，該年齡兒童本身之認知結構才是眞正的決定因素。

- 成熟：所謂成熟專指個人生理結構的生長而言。國外有許多研究分析在一歲內被領養的一群嬰兒，到學齡期測量其智力與生母及養母的相關性，結果發現養子女與親生父母的相關顯著地高於與養父母的相關，說明智力的發展與遺傳因子確有關聯。美國心理學家葛塞爾（Gesell，1880～1961）即是此論者的代表，其認

為遺傳等生理因素使生物體自然生長，亦是直接影響智慧發展的主因。惟皮亞傑及多數學者認為生理的成熟固能影響認知發展，但絕非唯一因素，尚受環境因素的影響甚深。

- 經驗：幼兒透過各種行動及對各種物體的操作，可發現各種物體本身的性質，如物體的顏色、形狀、大小等，此即「物理經驗」，舉例說明：幼兒取得一個球；並經由知覺活動，了解它是圓的和紅的，這圓的和紅的特性，即是幼兒觸及物體並實際操作的結果。同時，從行動的沉思中，知悉物體與物體間存在的抽象關係，得到對邏輯數學的知識，又稱為「數理經驗」。透過物理與數理經驗，兒童的認知逐漸發展。

社會文化因素　係指幼兒所生長的環境因素；心理學第一大派別行為學派的創始人華生（Watson，1978～1958）及新行為學派斯金納(Skinner)及社會學習理論者班都拉(Bandura)等均強調社會環境及學習在發展中的作用；主要包括社經地位，文化差異與學習等三種因素。

- 社經地位：係指家庭、社會及經濟地位、家庭的經濟收入、家庭物質環境的組織與安排、刺激數量的性質等多少都會對幼兒智能發展帶來一定的影響；若幼兒早期的生活經驗貧乏，可能造成認知上的嚴重阻礙；相對於高社經地位的家庭，可能提供較多的環境刺激，則有利於幼兒的認知發展。另外，有些研究者比較單親家庭與一般家庭的幼兒在認知水準上的差異，

結果發現單親家庭的幼兒認知水準相對的要低一些，在在說明了家庭社經環境的重要性。

- 社會傳遞：泛指文化對幼兒思維的影響；舉凡父母為幼兒解釋疑難、幼兒閱讀書刊習得知識、教師進行班級教學、幼兒同輩討論問題，或幼兒模仿範型皆屬之。如此，社會的文化得由上一代傳遞至下一代，使下一代免去重新摸索萬事萬物，而能獲得上一代的寶貴經驗。如此的社會傳遞有助於幼兒對若干概念的了解，如誠實之概念，絕非物理經驗或數理經驗能使幼兒了解，於是不得不仰賴社會傳遞以使幼兒了解，增加認知。

- 學習：社會學習論者班都拉認為，只要具備或施加適當的環境條件，任何正常幼兒都能學會任何事情，因此認知亦能透過環境所提供的刺激而習得，是故提供較多的學習機會給幼兒，有利於其認知的發展。

認知能力發展的輔導

皮亞傑的認知發展理論對當代發展心理學與教育心理學發生極大的影響，父母或教師在輔導幼兒發展其認知能力時，除先要充分了解幼兒認知能力發展的整個過程，亦需遵循以下九個原則：

- 配合認知發展，提供適合於幼兒的課程與教材。
- 實施以幼兒活動為主的教育。

- 重視「實物」教學。
- 有關幼兒教育的設計方案,對幼兒及小學低年級階段影響很大,應參照幼兒心智發展及學習經驗與能力加以設計。
- 重視「語文教學」的功能。
- 實施分組教學,以增加幼兒直接交互作用的效果。
- 善用幼兒實際生活情形作爲教學的起點。
- 改變教材內容,強調整體的結構。
- 教學時多給幼兒思考、嘗試、討論、求證、發現與發展的概念。

皮亞傑將兒童認知發展分爲四個階段,每一階段都有特殊的發展特質,爲促進兒童認知的發展,每一階段應有相當的輔導重點以相配合,以掌握學習的關鍵期,始能得到事半功倍之效,茲將各階段學習與輔導內容列表如(**表**5-2):

表5-2 皮亞傑認知發展階段、特質、學習內容與教育輔導重點

年齡	年級	階段	發展特質	學習內容	教育輔導重點
1 2 3		感覺動作期	以感官認知周圍的環境	以口的吸吮及手的抓取得到經驗	1.掌握嬰幼兒學習物體恆存概念的機會，如躲貓貓遊戲 2.協助幼兒分辨優先與禁止的行動
4 5 6	學前教育	準備運思期	運用語言、文字、圖形等符號、從事思考	可以開始學習簡單的文字、數學和圖形	1.提供可讓幼兒活動的物質環境 2.利用圖畫、圖表輔助閱讀，藉以激發兒童興趣 3.重視語言教學的功能 4.質的認知先於量 5.利用合作、互尊等態度，發展幼兒面面顧到的能力
7 8 9 10 11	小學	具體運思期	以具體經驗或具體物作邏輯思考	以具體經驗或具體物作邏輯思考	1.重視實物教學，從而經由「探索一發明一發現」過程中，擷取數理知識。 2.利用實驗、觀察增進小學兒童的數學運算活動
12 13 14 15 16 17 18	國中 高中	形式運思期	能運用概念、抽象的邏輯去推理	能運用概念、抽象的邏輯去推理	1.培養青少年運用假設一演繹推理策略解決問題 2.倡導科學實驗活動並鼓勵青少年思考 3.適時讓學生發現思考的不適當性

資料來源：參考蔡春美，民國73年；黃志成、王麗美，民國83年

參考資料

王文科。《認知發展理論與教育——皮亞傑理論的應用》。
台北：五南圖書公司。民國78年。

卞瑞賢（譯）。《皮亞傑兒童心理學淺述》。台北：聯經出
版社。民國69年。

杜聲鋒。《皮亞傑及其思想》。台北：遠流出版社。民國80
年。

幸曼玲。《發展心理學》，賴保禎等編著。台北：國立空中
大學印行，頁280～281。民國82年。

梁恆正。〈布魯納認知理論的基本概念（上）〉。師大教育
研究所集刊第17輯，頁5～15。民國64年。

黃志成、王麗美。《兒童發展與輔導》。台北：頂淵文化事
業有限公司，頁38。民國83年。

蔡春美。《兒童發展與輔導》。國立編譯館主編，台北：正
中書局印行，頁145。民國73年。

盧美貴。《兒童教育的理念與輔導》。師苑教育叢書。民國
76年。

夏滌生（譯）。《學齡前的兒童教育》。台北：桂冠圖書公
司出版。民國76年。

劉錫麒。〈我國兒童保留概念的發展〉。師大教育研究所集
刊第16輯，頁8。民國63年。

蘇建文。〈兒童保留概念發展之研究〉。中國測驗學會測驗
年刊第20輯，頁67～68。民國62年。

Bruner, J.S. et al. (1966)　*Studies in Cognitive Growth,* N.Y.: John Wiley & Sons, Preface.

Gesell, A. (1928)　*Infancy and Human Growth,* New York: Macmillan.

Kagan J. (1980)　*Jean Piaget's Contribution,* Phi Delta Kappar, December, 246.

Piaget, J. (1952)　*The Child's Conception of Number.* London: Routledge & Kegan Paul.

Piaget, J. (1952)　"The role of action in the Development of thinking". In W.F. Overton & J.M. Gallagher(Eds.), *Knowledge and development(Vol.).* New York: Plehum Press.

Schaffer, D.R. (1985)　*Developmental Psychology: Theory, research, and applications.* Monterey, CA: Brooks/Cole publishing company.

第6章

創造力發展

美國教育學者克魯勒斯(Czurles)宣稱：孩童於學齡前時期，即均具有極高的創造力(creativity)（轉引自鄭美珍，民國76），到底什麼是創造力？創造力是怎麼形成？受那些因素影響？這是本章所要探討的問題。

創造力的定義

由於各家學說對創造力所持哲學觀點和立場的不同，因此對於創造力的解釋，莫衷一是。簡言之，創造力是能夠創造個人獨特見解或能創造出新事物的能力。依基爾福(Guilford)的因素分析發現，創造力的內容包括了以下五種特質（Guilford，1967，1970；吳靜吉，民國68）：

敏感度(sensitivity)　即幼兒對問題的敏感程度，敏於覺察事物的缺漏、不尋常、未完成部分的能力。

流暢力(fluency)　指幼兒的思路流利暢達的程度，能在短時間內思索出多少可能的構想和方法的能力，亦即「反應靈敏」的意思。

變通力(flexibility)　指幼兒能依不同的方式加以思考，不受習慣限制的能力，亦即「隨機應變」的能力。

獨創性(originality)　指幼兒能產生新奇獨特的見解或方案的能力，即「標新立異」的能力。

精進力(elaboration)　指幼兒思考細密，使事物或方案更臻完美的能力。

富創造力幼兒的特質

富創造力的幼兒，有以下一些特徵，是一般人於日常生活中可以發覺到的，但並不是每一個創造型幼兒皆能具有所有的特徵：

有高度的注意力　如當幼兒聽到別人講有趣的故事時，會專心聽講，可能你叫他吃飯，他也聽不到。

興趣較廣泛　幼兒生氣蓬勃喜歡參與多種的活動，尤其對複雜的事物更喜歡用心思。

自由感　創造性的特徵，必有不受約束的感覺，情感易散放，故可觸類旁通，頑皮、淘氣、且不善自我控制。

獨立性高　創造力高的幼兒必然有較少的依賴心，而有較多的獨立性，不肯輕附衆議，對事情有自己的看法，且不易妥協。

語文較流暢　較一般同齡的幼兒懂的字彙多，喜歡鑽研哲學、宗教與人生價值之類的抽象問題。

富自信心　生活範圍廣大，對將來持較高的抱負水準，如幼兒自信蠻高的跟父母說：「我將來要當總統」。

創造能力的發展階段

幼兒期創造力的發展，開始於所謂的想像力，一直發展至青年期，然後理解力開始發展，亦即青年期以後，想像力即不再發展，至少沒有新奇的想像出現。麥克米蘭(McMillan，1924)發現幼兒時期想像力的發展有三個階段，第一階段中，幼兒有一種美感，企圖追求成功獲得知識的捷徑；第二階段開始把握實在性，探索原因和結果；第三階段開始求其理想和實現，但只能達到最低限度（轉引自賈馥茗，民國59）。

許多心理學家對研究幼兒創造力的發展非常有興趣，以下即分別列舉三項實驗研究說明創造力的發展過程（轉引自賈馥茗，民國59）：

安諸(Andrews，1930)的調查較麥克米蘭有系統，發現想像分數最高者出現於四歲至四歲半的幼兒間，五歲以後，突然降低。與此發現一致者，為葛里本(Grippen，1933)；馬凱(Markey，1935)發現幼兒的想像力在學前期依年齡遞增，此後則逐漸遞減。

創造力研究最有系統者首推陶倫斯(Torrance)，其以為父母、幼教老師應了解幼兒創造思考能力的發展及在各年齡階段的特徵，以便予適當的輔導，啟發幼兒創造力。但陶氏提出警告，創造力的發展與特徵並不似其他能力，可普遍的發現於每一年齡的各個兒童，所應注意者乃是發展的可能。

李根(Ligon，1957)曾制訂一至六歲的發展序列，並提出助長發展的方法如下：

自出生至二歲　提出問題，模仿聲音和韻律；在製造某些意念或事物後，必予命名。此時期鼓勵創造發展的方法為遊戲。

二歲至四歲　從直接經驗學習，並用語言及想像的遊戲重複其經驗。開始有自主感，對環境發生好奇心並加以探測。

發展創造的方法為應用有變化的玩具。

四歲至六歲　想像力因增至最高點而逐漸降低，開始學習計劃的技巧，急欲發現真理和道德。對此時期的幼兒，可用藝術、經驗、和文字遊戲以發展其信心。

創造力的表現方式

幼兒的創造力通常表現在三種方式上，即在幼兒的想法、遊戲中及解決問題的方法，分述如下：

想法

萬物有靈論　幼兒認為所有的東西都是有生命的，如月亮會走路，太陽公公會笑，藉此萬物皆有生命，而能發揮極大的想像力。

假想的玩伴　因萬物有靈，幼兒可以和其他東西，如玩具，玩得很開心。

白日夢　在日常生活中，幼兒可以幻想與其他人、事、物共同做他想做的事，如超越時空的旅行等等。

遊戲

戲劇性的遊戲　幼兒在日常生活中，常扮演現實生活的情節，如扮家家酒，或常利用想像力自創有劇情的表演遊戲。

建構性的遊戲　幼兒常利用各種東西，如積木、沙堆、建造各種他認為有意義的東西。

說話誇張　幼兒在敘述一件事時，會將自己的想像加入其中，而常將其有意無意的誇大。

說故事 幼兒常根據自己過去的經驗或到處聽聞的事情，重編屬於自己創造的故事。

解決問題的方法

幼兒的想法極富想像力，當遇有困難時，其解決途徑不似成人有社會經驗可供遵循，常運用其充分的想像力加以解決。例如當我們說：「從前有一個人，他家裡很窮，常常沒有錢買米，以至於沒有飯吃……」，他可能會插嘴說：「那他可以吃蛋糕呀！」。

影響創造力發展的因素

大腦及智力的發展，父母的教養態度及環境因素，對幼兒創造力的發展均具極大的影響，分述如下：

遺傳因素（即創造能力的大腦生理基礎）

腦是產生人類思維之處，人腦可分為大腦皮質、大腦白質、腦樑、海馬、腦幹、額葉（前頭葉）下視丘等部分（如**圖6-1**），其中前頭葉聯合區專司思考、判斷、推理、創造、意志、情操、競爭意識和慾望等精神功能。根據研究，人腦接受前頭葉切除手術後，會呈現思考能力、創造力、意志和情操的減退和喪失，由此可見前頭葉與人的創造思考力關係極為密切（洪祖培等，民國67；何耀坤，民國74）。

此外，在眾多有關大腦的研究中，對於左右腦功能的探討均有極重要的突破，一般研究發現大腦左右半球處理認知的型態有所不同，左腦半球擅於處理語文、符號、數學等具

有分析性、邏輯性的認知；右腦半球則擅於處理圖形、音樂、色彩、感情性的認知，然而必須強調的是左右腦的功能雖然各有專司，但兩者皆為創造表現中不可或缺的重要部分。倘若左右腦的平衡不佳，將會阻礙創造思考能力（何耀坤，民國74）。因此，惟有左右腦之間相互協調，才能真正產生創造思考。

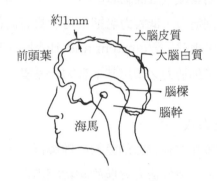

圖6－1　人腦各部分

智力因素

　　一般認為，智力與創造力間存在有某種程度的關係，亦是影響因素之一。歷來探討智力與創造力之關係的研究不勝枚舉，大致可歸納成以下兩點：

- 智力與創造力間的關係，有兩派主張，一派主張此兩者是兩種獨立的能力，互不相關；亦有主張兩者具有高相關(Anastasi and Schafer，1971)。目前尚未獲一致結論。

- 主張智力與創造力間具有相關的學者甚多，又有以下

發現：Gowan(1972)與 Simonton(1979)的研究均發現，智商一百二十是一個明顯的分野；智商在一百二十以下者，智力與創造力之間通常具有顯著的相關，但智商在一百二十以上者，智力與創造力之間往往沒有相關存在；可見創造力與一般智力的關係較爲明顯。許多研究提出結論：高創造力必須有相當程度的智力爲基礎（智商約115～120），但高智力者未必具有高創造力，低智力者則不可能具有高創造力（呂勝瑛，民國72；Weinstein and Bobko，1980）；此即說明了創造力必須以基本智力作基礎。

父母的教養方式

　　父母的教養方式對於幼兒的心理與行爲發展具有莫大的影響力，也是幼兒創造力發展的關鍵因素之一。許多研究結果均指出，嚴格控制的教養方式與子女的創造力具有顯著的負相關(Bayard and Fiebert，1977；Miller and Gerard，1979)，亦即嚴厲的管敎方式，易抹煞幼兒的創造力；另Domion(1979)及Schwartz(1981)等人的研究結果均肯定及鼓勵獨立自主、容許自由探索的民主管敎方式，對於幼兒的創造力發展有正向的影響。

環境因素

　　從許多富有創造力的科學家、藝術家、哲學家……的傳記中，發現他們在孩提時即表現了優異的創造思考能力；愛迪生在十歲時，就開始了他的發明工作；一位瑞典小孩約

翰‧艾力克森(John Ericsson)在他九歲時，就發現了扭轉螺旋翼的原理，十三歲時被指定負責一項六百人的工作；歌德在六歲時就已經自己編排戲劇，八歲以前就已顯示出寫詩的特殊興趣。這些例子在在均顯示：創造力的發展，起源於早期的生活經驗中。邱雲中（民國74）認爲環境對於創造力的影響大於遺傳因素，簡茂發（民國70）也認爲提供自由、安全、和諧的氣氛，及容許幼兒獨立思考，是影響幼兒創造力發展的重要因素。

陶倫斯認爲啓發性的環境應具備的重要項目如下：（轉引自賈馥茗，民國59）

- 靜聽的氣氛。
- 免除膽怯者的恐懼。
- 排除家庭的批評。
- 使幼兒覺察何者爲是。
- 熱誠對待幼兒，鼓勵其再行嘗試。
- 保持創造力的熱誠。

啓發幼兒創造力的原則

幼兒在托兒所或幼稚園中，甚至出生後的家庭環境，以及父母及老師，應如何啓發幼兒的創造力，一直是教育學者努力探索的問題。以下即引述幾位學者的看法說明之：

陶倫斯認爲（轉引自盧美貴，民國76）

- 容忍幼兒的奇想。
- 鼓勵自發的學習。
- 重視幼兒的看法或意見。
- 提供無評價的學習環境。
- 讓幼兒知道他的想法有價值。

國內研究創造力賈馥茗教授認爲（賈馥茗，民國59）

- 要激發創造性的學習環境。
- 便利創造性的學習。
- 培養創造的能力。
- 運用發問技巧，多問幼兒一些非單一答案的題目。
- 設計創造性的教學活動。
- 訓練幼兒聆聽的技巧。

在啓發幼兒創造思考的原則上，雖衆說紛紜，莫衷一是。然綜合各家說法，可發現在創造性環境的營造、發問技巧及幼兒自主性等三大方面，具有其共通性。茲整理後提出十點原則：

- 輔導者需假設幼兒有多種能力，並提供多方面的刺激，讓幼兒去嘗試。
- 鼓勵幼兒考慮或想出各種問題不同的解決途徑，並進而限制時間加以訓練。

- 允許並鼓勵幼兒一切創新的表現，而不加以制止。
- 指導幼兒多用感官去觀察，探索各種事物，並表達出來。
- 培養幼兒客觀的思想與看法，對任何事物不堅持己見，能接受他人的意見，作客觀的考量。
- 鼓勵幼兒多幻想及發揮想像力，如此幼兒可產生新奇的思想，培養對特殊之事物的創造力。
- 突破限制，不墨守成規，鼓勵幼兒以新的觀點去觀察或瞭解各種事物。
- 採用民主教育方式，給予幼兒自由發展的機會，以激發其潛能。
- 改變評量成就的傳統觀念，尊重幼兒的各種興趣與發展，並加以培養。
- 讓幼兒均有表現的機會，並對其表現加以鼓勵。

參考資料

邱雲中。〈讓創造力張開美麗的翅膀〉。資優教育季刊,第
　　15期,頁34～35。民國74年。

呂勝瑛。〈資優兒童的創造力與心理特質之研究〉。政治大
　　學學報,第47期,頁101～130。民國72年。

何耀坤。〈如何培養學生的創造力〉。台灣教育輔導月刊,
　　第35卷第3期,頁1～8。民國74年。

吳靜吉。《學前教育月刊》,第1卷第10期,頁4。民國68年。

洪祖培、邱浩彰。《探索心靈的奧秘──認識你的頭腦》。
　　台北:健康世界叢書第12集。民國67年。

陳竹華。《你的二歲孩子,學前教育叢書》。台北:信誼基
　　金出版社。民國79年。

許麗玉(譯)。《你的四歲孩子,學前教育叢書》。台北:
　　信誼基金出版社。民國81年。

張杏如。《零歲後的幼兒開發,精湛叢書》。台北:台灣英
　　文雜誌社印行。民國78年。

游淑芬(譯)。《你的三歲孩子,學前教育叢書》。台北:
　　信誼基金出版社。民國79年。

游乾桂。《啓發孩子的創造力》。台北:遠流出版社。民國
　　79年。

詹秀美。〈國小學生創造力與問題解決力的相關變項研
　　究〉。師大特殊教育研究所碩士論文。民國78年。

賈馥茗。〈創造力發展之實驗研究〉。師大教育研究所集刊

第12輯。民國59年。

鄭美珍。〈國小教師創造力、教學態度與學生創造力之相關研究〉。文化大學兒童福利研究所碩士論文。民國76年。

盧美貴。《兒童教育的理念與輔導》。師苑教育叢書。民國76年。

簡茂發。〈創造問題與創造之教學〉。蔡樂生等：教育心理學報，台北：中國行為科學社，頁255～272。民國70年。

Anastasi, A. and Schafer, C.E. (1971)   Note on the concepts of creativity and intelligence. *Journal of Creative Behavior,* 5(2), p.113-116.

Bayard, C.L. and Fiebert, M.S. (1977)   Creativity in the preschool child and its relationship to parental authoritariansm. *Perceptual & Motor Skills,* 45,170.

Domion, G. (1979)   Creativity and the home environment. *Cifted Child Quarterly,* 23(4), 818-828.

Gowan, J.C. (1972)   *Development of the creative individual.* San Diego, CA.: R.K. Knapp.

Guilford, J.P. (1967)   *The nature of human intelligence,* N.Y.: McGraw-Hill.

Guilford, J. P. (1970)   Traits of creativity. In P.E. Vernon(ed.) *Creativity.* Harmondsworth: Penguin.

Miller, B.C. and Gerard, D. (1979)   Family influences on the Development of creativity in children: An integrative review. *Family Corrdinator,* 28, 295-312.

Schwartz, L.L. (1981)   Are you a gifted parent of a gifted child. *The Gifted Child Quarterly*, 25(1), 31-35.

Simonton, D.K. (1979)   The eminent genius in history: The critical area of creative Development. In J.C. owan, et al.(eds.) *Educatin the ablest(2nd ed.)*. 371-383. Itasca, ILL.: Peacock.

Torrance, E.P. (1962)   *Guiding Creative Talent,* N.J.: Prentice-Hall, 44-64.

Weinstein, J.B. and Bobko, P. (1980)   The relationship between creativity and androgying when moderated by an intelligence threshhold. *Gifted Child Quartely,* 24(4), 162-166.

第7章

● 情緒發展

情緒的概念

情緒(emotion)是心理活動的一個重要名詞,人們常常藉著喜、怒、哀、樂等情緒反應,來表達其與周圍環境（人、事、物）相處的心理感受。即使是嬰兒時期,即能利用哭與笑來表示其當前的需求、害怕與愉悅的感覺。

情緒的意義

情緒與情感(feeling)兩詞常易混淆,兩者雖均屬一種基本的感情作用,且均為個體因刺激所引起的身心激動狀態,不過,情緒一詞偏向指激動狀態較強烈者,且會影響整個身體與心理;而情感則為激動狀態較溫和者,且影響多為心理層面。

因之,當個體受到了刺激,進入情緒的激動狀態時,會引起生理反應,並由其外顯行為可加以觀察,分述如下:

生理反應 個體情緒激動時,會因交感神經之興奮,造成心跳加速、血壓增高、呼吸量增大、腎上腺分泌增加、血醣增高、瞳孔擴大、血凝較快以及腸胃蠕動減緩等現象。同時,體內的各種分泌腺也隨之發生變化,如個體憤怒時,唾腺分泌減少,因而產生口乾現象。

外顯行為 除生理變化與腺體反應外,亦可由個體的外顯行為,如面部表情、聲音、動作等來判斷其情緒狀態。譬如當幼兒高興時會拍手、傷心時會哭泣、痛苦時會皺眉頭或哇哇大叫等。

由以上的分析，我們可以為情緒下一簡單的定義：情緒是個體受到某種刺激後所產生的一種激動狀態，此種狀態雖為個體自我意識所經驗，但不為其所控制，因之對個體有干擾或促動作用，並導致其生理上與行為上的變化（張春興，民國77）。

情緒對幼兒的重要性（影響）

對幼兒期而言，其情緒行為的強度與頻率，皆遠超過其他年齡階段。直到身心發展成熟，方能適度的控制情緒，表現符合社會規範的適當行為。因此，幼兒期變化多端的情緒表現，可說是幼兒的一種生活方式，對幼兒本身具有正、負兩方面之影響，分述如下：（葛道明，民國73）

正面影響

- 增加幼兒生活上的滿足感：幼兒的情緒行為，不管是激動或興奮，對生活經驗的擴展皆有幫助。且由於情緒行為後所產生的「鬆弛感」與「舒適感」，帶給幼兒莫大的快樂與滿足。

- 與外在溝通的一種方式：不必藉助語言文字，靠著臉部的表情、手勢動作、身體改變等所產生的各種情緒行為，即能讓人知悉幼兒的感受與想法，是與外界最直接的溝通方式。

- 使幼兒生活多采多姿：幼兒情緒的表示，不但影響周遭的成人，更使幼兒獲得經驗、增加接觸、拓展生活內容。

- 達成發展目標之一：幼兒情緒，非但可以擴展經驗，

而且也具有宣洩作用，因之幼兒情緒過後，就會「雨過天晴」，達到心理衛生的診療效果。

負面影響

- 妨礙技能的學習：若幼兒情緒過於激烈，則注意力不易集中，沒有耐性，易影響到新技能的練習和熟練。
- 影響智力的發展：強烈的幼兒情緒，影響幼兒的學習，使之不能理解，不易記憶，若長期或過烈的幼兒情緒，其影響尤大。
- 阻礙語言的發展：因幼兒情緒困擾，而造成語言學習遲緩、發音缺陷、口吃等現象者，不勝枚舉。
- 導致社交的障礙：因幼兒情緒過強，使得其他的幼兒與其日漸疏遠，易造成社會行為發展不良。

幼兒情緒的特徵

阮淑宜（民國80）將學前幼兒的情緒反應歸納為下列七個特點，父母與師長若能有正確的了解，即能辨別那些是正常的表現模式，那些可能是情緒障礙，有助於輔導幼兒的情緒發展：

情緒反應是短暫的

幼兒透過哭、笑等情緒反應，有助於釋放情緒的能量或強度，俟能量釋放完全，情緒亦隨之而過。因而，其情緒的持續多僅有數分鐘或更短的時間，然後突然消失。

情緒是強烈的

幼兒尚無法有效的控制自我的情緒,常將感受到的隨即表現出來,所以經常是強烈的,且比成人的情緒要強烈的多。

情緒是容易改變的

幼兒因注意力持續時間短,其情緒即易隨注意力轉移而改變,如片刻間即能由哭而笑,由生氣而爆笑。

情緒反應是經常出現的

幼兒一受到外在人、事、物的影響,因其不曉得亦不會隱藏情緒,因而經常表現出其喜、怒、哀、樂的情緒。然隨著年齡的增加,社會化的影響,而漸能控制情緒。

情緒反應有很大的個別差異

新生兒情緒反應是相似的,但隨著年齡增長,經驗的累積,幼兒情緒反應個別化,其差異隨之增加。例如,幼兒害怕時,有的是大哭,有的是躲到媽媽的衣裙後。

情緒能以行為症狀表現

幼兒有強烈的情緒反應時,易於把感受直接表現於行為或表現在不良習慣或症狀上。譬如咬指甲、胃口欠佳、睡不安寧(做夢中醒來)、小便次數增多、退化現象(重現嬰兒時期哭、鬧、尿床等模式)……等。上述不良習慣或症狀可說是幼兒求救的訊號,輔導者應多注意。

情緒在強度上會改變

隨著年齡的增長，幼兒控制情緒的強度亦逐漸增強，情緒的表現在強度上即會逐漸減弱。

情緒的發展

情緒的經驗和狀態，是從嬰幼兒開始即不斷發展而成。加拿大女心理學家布雷吉斯(Bridges，1932)進行對六十二個從出生到兩歲嬰兒情緒發展的觀察研究，提出情緒連續分化的發展理論，她認爲初生嬰兒除了恬靜的狀態之外，所謂情緒，只不過是一種激動狀態(excitement)而已，也就是一種雜亂無章未分化的反應。逐漸地，隨著成熟與學習的因素，才慢慢分化爲複雜的情緒表現。

「啼哭」可說是人類最早的情緒行爲，也是人類表現痛苦情緒最原始的方式；嬰兒的啼哭多爲生理上的原因，如肚子餓、口渴、排泄等生理需求時，皆以啼哭來表達。隨著身心的成長，情緒反應也有了改變，由布雷吉斯的研究可發現，約在三個月內，嬰兒已從原始的激動狀態中分化爲兩種矛盾的情緒，即痛苦(distress)和快樂(delight)，到六個月時，痛苦的情緒又進一步分化爲恐懼(fear)、厭惡(disgust)和憤怒(anger)，到十二個月時，快樂的情緒又分化出高興(elation)和喜愛(affection)。再過半年，又可看出愛成人與愛兒童的區別，與此同時，痛苦中又分化出嫉妒(jealousy)。到二十四個月時，可以在快樂的情緒中再分化出喜悅(joy)來。嬰幼兒在

兩歲以前的情緒分化內容詳如（**圖7-1**）。

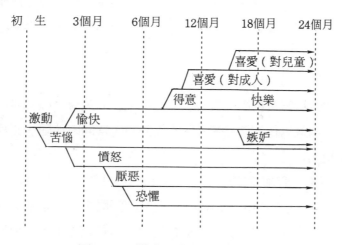

圖7-1　嬰幼兒期情緒分化圖
資料來源：Bridges, 1932

　　上述情緒分化的歷程，原則上係循著身心成熟的基礎與
後天環境的學習而發展。然而分化的時期以及發展的快慢，
仍受個別差異的影響而有所不同。

　　嬰幼兒時期主要的情緒反應，包括積極的、愉快的情緒
和消極的、不愉快的情緒，茲分述如下：

積極的情緒反應

　　笑　嬰兒的笑是第一個社會性行為，透過笑，可以引出
其他人對嬰兒積極的反應。嬰兒最初的微笑可以在沒有外部
刺激的情況下發生，是「自發的笑」或「反射性的笑」，此
種現象在嬰兒睡著時常可見到。約二、三個月，嬰兒雖仍不
會區分熟悉與陌生的個體，但是人的聲音和人的臉特別容易

引起他們的微笑，甚至假面具亦然，這種情況約維持到六個月，稱為「社會性的微笑」。自六、七個月起，嬰兒已能開始對不同的個體作不同的反應，尤其對熟悉的人會很開心的笑，而對陌生人則有所警惕，稱為「選擇的社會性微笑」。周歲左右的幼兒，遊戲時（尤其大人用手遮面與幼兒玩躲迷藏遊戲）常會發出「咯咯」、「咕咕」的笑聲，顯得非常快樂。兩歲以後的幼兒在愉快的笑聲中，常同時伴隨著語言的出現。

　　愛　心理學家華生(Watson)認為「愛」是人類原始情緒之一，馬斯洛(Maslow)亦認為愛與歸屬是人類基本需求中第三層次的需求。嬰兒最早對愛的反應是躺在床上，面露微笑，凝視照顧他的人，同時揮舞著雙臂及雙腳，企圖擁抱，但動作並不協調。直到六個月後會起坐的嬰兒，見到他所喜愛的人，立刻伸出雙手表示希望得到擁抱。這種愛的情緒表現是最自然、最真誠的。

　　好奇　由於新生兒眼部協調作用微弱，惟有強烈的刺激才能引起他們的注意，此時尚談不上好奇。當嬰兒雙眼協調能看清東西後，任何新鮮的事物均足以引起他們的好奇，甚至六個月的嬰兒會傾身趨向他好奇的東西，並用手抓它。兩歲以後是幼兒的好問期，若幼兒的疑問能獲得解答，則能滿足他們的好奇慾望。

消極的情緒反應

　　憤怒　當幼兒身體活動受到約束，或某種需求不能獲得滿足，或需求正在進行時被阻斷（如喝牛奶尚未滿足即沒牛

奶了），內心常會產生一種不平和和不愉快的情緒，而引起憤怒。嬰兒發洩他們憤怒的情緒是以啼哭的方式，幼兒則表現出「發脾氣」。年齡愈小，憤怒的情緒愈易平息，而年齡愈大，發怒時間也愈久。一般而言，幼兒憤怒情緒的出現次數，約在一歲半到兩歲間達到頂點，以後憤怒的反應便漸減少（吳穗華，民國70）。通常對付發脾氣的幼兒，最好的方法是「轉移」或「暫時不理」，以使幼兒明白要脅無效而放棄此種手段。

恐懼　嬰兒最初的恐懼反應約出現於四個月，此時最易引起恐懼反應的刺激是巨大的聲音，且嬰兒期最初的恐懼多只限於直接環境的具體事物，如怕狗，六個月時怕生則慢慢出現；爾後，漸漸的由於幼兒生活面的擴大，經驗的擴充，以及其自身內部的狀態所影響，而會產生想像的恐懼，如怕鬼、怕強盜等有幻想及超自然的恐懼，此種恐懼並隨著年齡的增加而增加（吳穗華，民國70）；進入幼稚園或小學，有了競爭的社會行為後，則會產生怕失敗的恐懼。恐懼是一種不愉快的情緒狀態，長時間對某一或某些事件恐懼，極易造成焦慮，而影響到人格的正常發展。

嫉妒　嫉妒係由憤怒分化出來的一種形式，是專指對人所產生的一種憤怒態度。幼兒最早的嫉妒行為大約出現在一歲半左右，且多半係由於母親生下第二個孩子而忽略對年長兒的照顧。此後更為爭取父母的，甚至幼稚園老師的愛、關懷，而對兄弟姐妹或同伴嫉妒。幼兒嫉妒時，有時候會回歸到新生兒式的行為，即心理學上所謂的退化現象，如：尿床、不吃飯、愛哭、常鬧情緒、偽裝生病等行為。

影響情緒發展的因素

　　嬰幼兒情緒自原始的基本狀態經過成熟與分化後，產生了多種具特殊意義的情緒。但是幼兒如何由初始的恬靜與激動兩種未分化情緒，而發展為各種不同的情緒呢？其影響因素如下所述：

身心成熟的因素

　　幼兒情緒的表現會隨年齡的增長出現不同的情緒反應。例如，二個月大的嬰兒很容易接近任何人，但六個月大時則出現怕生的反應，此乃嬰兒情緒成熟使然。葛塞爾(Gesell，1929)曾將一嬰兒放在很小的圍欄內，十週大的嬰兒處在此情境下並無任何反應；到了二十週大時，處在此欄內則會感到不自在，常會回頭找人，顯出懼怕反應；到三十週時，只要將他一放入欄內，他就大哭，此研究結果，充分說明由於機體身心成熟，造成情緒發展的改變。影響身心成熟的因素有神經器官及分泌腺，分述如下：

　　神經器官方面　腦中有若干中心專司情緒的反應，也受神經系統控制面部肌肉、發音器官及身體的各部分，使情緒得以反應出來。

　　內分泌腺方面　內分泌腺可支持緊急的生理反應，它的成熟有助於情緒的發展，尤其是腎上腺對於情緒的發展最為重要。

學習因素

　　簡單情緒的表現方式，雖然多受成熟因素的支配，但何時、何地，以及在什麼情況下表現何種情緒，卻受學習因素的影響甚大。經學習而得的情緒反應可分爲下列幾種：

　　由直接經驗而養成　例如，幼兒本來不怕火，經一次玩火被燒痛後，見火就害怕。

　　制約反應　例如，一種本來並不會引起懼怕的刺激，因爲常和另一種會引起懼怕的刺激同時出現，經若干次後，便逐漸也會變成引起恐懼的刺激。

　　由類化作用而養成　例如，幼兒由於怕白兔，而後來看見白狗、白貓，甚至一切白色的動物，均發生懼怕反應。此乃類化作用，將懼怕反應轉移至類似的事物上。

　　由於模仿而養成　幼兒如果看見其周圍的人喜愛某種事物，久而久之，會因模仿亦喜愛該物。

　　由於成人的暗示　他人直接或間接的暗示，也可造成情緒反應。例如，幼兒本不怕「黑暗」，後經別人暗示黑暗中有鬼會出現，於是幼兒也怕黑暗了；又如原本不老虎，但看到成人談及老虎時害怕的情緒，而造成其懼怕的反應。

其他因素

　　因飢餓、口渴、睡眠不足等身體內部不適的情況，往往也會引起幼兒情緒的變化。此外 Gallagher & Crowder(1957)發現資賦優異兒童的情緒困擾較少，其情緒穩定性均較普通智力兒童爲高，亦有許多學者發現焦慮情緒與智力之間呈負相關關係(Mackage，1928；Jewett & Blanchard，1922；Sontag, et al，1956)。

由上述分析可知，情緒的發展主要係受成熟與學習兩個因素所影響，在情緒發展中，固然無法確知有多少成分是成熟因素所決定，或是另有多少成分係由學習而獲得，但大體而言，如同幼兒動作發展受成熟與學習因素影響一般，幼稚期簡單情緒的發展，受「成熟」因素的支配較大，逐漸成長後的複雜情緒，則受「學習」因素的影響較深。

幼兒情緒的輔導

幼兒情緒的控制，為幼兒心理發展的重要課題，父母或受托養育幼兒的「替代父母」及托兒所的保育員均需注意此一問題，年齡愈小，性格變化愈大，相對的，也愈容易經由適當的學習作用，發展形成日後成熟健全的人格。因之，為維護其身心健康，協助幼兒有最佳的情緒發展，宜注意幼兒情緒的輔導。

以下除針對一般的輔導原則加以闡述外，亦針對幼兒常見的三種情緒反應，詳述其輔導的方法和態度。

一般輔導的原則

葛道明（民國73）列出了二十二項輔導幼兒情緒的原則，經歸納整理，尤宜注意以下幾項：

提供良好的家庭環境　由於情緒的刺激大多來自環境，家庭環境對幼兒的影響尤甚，是故愉快、和諧的家庭生活經驗、親情的給予，對其情緒發展有莫大的影響。安斯吾爾等

人(Ainsworth & Bell，1970)所設計的親子依附實驗，說明了母親為嬰幼兒依附的主要對象，一但母親離開嬰幼兒，則其啼哭增加一倍，俟母親返回實驗場後，嬰幼兒啼哭明顯降低，顯見母親對幼兒情緒的重要性。

　　情緒的宣洩　每位幼兒在生活中都可能遭到衝突、挫折，而表現不良的情緒反應，應「適時、適境」的給予宣洩，以免積壓產生更嚴重的困擾，如利用拍拍球、跑跑步、做做遊戲、唱唱兒歌來發洩憤怒、憂慮、懼怕、嫉妒等情緒。

　　良好的管教態度　平時父母除應有公正、一致的管教態度外，針對情緒的管教，尤應注意：在一些特別的時間、空間（場所）與情境，避免「造成」幼兒的情緒，如吃飯、睡覺、遊戲前後或幼兒疲勞、飢餓、疾病或睡眠不足時，勿對幼兒「訓話」、「管教」或「算舊帳」；切勿暗示幼兒使用「情緒化」的行為來表達，如幼兒跌倒，原本不痛，父母千萬別大呼小叫、愁容滿面，暗示幼兒「你很痛、你該哭」；幼兒鬧情緒時，成人應冷靜分析，並以誠懇堅定態度告知幼兒，使幼兒知道適可而止，並恢復平靜；對幼兒利用「情緒化」來作威脅時，父母第一次即應嚴詞拒絕，不可妥協投降、養成習慣。

　　良好的情緒示範　幼兒模仿力強，若父母常表現不良情緒時，可能讓幼兒有學習機會，造成不良後果，因之，父母本身應有良好的情緒示範。此外，當幼兒發生緊急事件，導致情緒狀態（如恐懼、憤怒）時，父母應以鎮定的態度，迅速的處理來幫助他，並給予安全感。

　　注意情緒的調整　當幼兒情緒激動及接受情緒輔導時，

要酌留「情緒調整時間」，亦即留給幼兒考慮「反應方式」的時間，先讓幼兒平息激動情緒。

注意新情境的調適　如遇搬家、上幼稚園、上小學、家中新添弟妹時，幼兒面對此新環境的轉變，可能產生恐懼或其他不適應狀況，父母及保育員應即時予以疏導。

運用心理學的方法、技術來解決情緒問題　如增強、消弱、類化、制約等來改變幼兒的行為，維持或增強良好的情緒行為，甚至消除幼兒的一些不良行為。

兒童期重要的情緒輔導

恐懼情緒的輔導　首先需弄清令幼兒恐懼的根源，方可能為其消除恐懼心理，惟一般幼兒並不知道或不會表達令他恐懼的原因，所以需耐心與細心的觀察，以發覺可能的原因。如確實無法尋出根源，只好盡量以最自然的方法予以安慰，一般常用的方法如下：

- 講一些笑話，一面笑，一面表示該物不可怕：減低幼兒恐懼的情緒。
- 直接接觸幼兒恐懼的事物：解釋不值得怕的道理，以消除恐懼。
- 利用說故事的方法：把幼兒害怕的事物編成故事，由故事中說明該事物並不可怕。
- 社會學習法：例如，把怕貓的幼兒，帶到不怕貓的童群中玩，使其因模仿而逐漸不怕貓。
- 交替學習法：把幼兒懼怕的事物，常常和愉快的事物相連接，無形中便不會害怕。

憤怒情緒的輔導　吳穗華（民國70）在探討幼兒情緒時，列出了以下五點對幼兒憤怒情緒的對策：

- 不要以動怒來對付動怒：當幼兒動怒時，應儘量保持冷靜、同情、客觀的態度，以建立自我控制的榜樣，如以動怒來對付動怒，只有加深問題的嚴重性，但這不表示我們應該完全採取寬容的態度，我們應對付的是幼兒的行為，而不是幼兒本身。

- 我們不能指望幼兒控制憤怒的「感受」，但能教導他學習控制表現此種感受的「行為」：父母必須了解憤怒為發育中幼兒的一種不由自主的「感受」，他很難控制他將感受什麼或何時感受這種內心的感情，但我們可以教導他學著控制表現憤怒的行為，不許發展出打人、丟沙、咬人等反社會的行為。

- 協助幼兒疏導動怒的情緒，使不致傷害自己或攻擊別人：發洩憤怒的情感猶如讓開水壺的蒸氣排出，所以在合理的限制下，應讓幼兒把內心的感受發洩出來，如果不讓他發洩，他將更難控制他的行為，或日久積壓，造成心理的不健康。

- 幫助幼兒為其行為立下一個合理的限制：一般父母對子女的管教不是太過嚴厲便是失於放縱，這對幼兒未來情緒的發展都有不良的影響。

- 幼兒無緣無故發脾氣時不要理他：對幼兒無由發怒時，最好的處理方法是不要理會，因為「當台下沒有觀眾時，演員也就演得沒勁了」。

幼兒嫉妒弟妹行為的處理　家中新添弟妹時，幼兒常因感到父母將全部心力轉移到弟妹身上，而出現嫉妒情緒，導致許多退化行為（如哭、鬧、尿床、不自己吃飯要父母餵食）的出現，父母面對此種情境時，可採取的措施如下：為將出世的嬰兒預作準備，所有可能變動的事物，最好在嬰兒未出世前幾個月就開始實施；最初幾個星期不要顯得太注意剛出生的嬰兒，尤其不要在他的面前餵母乳；讓幼兒參與照顧嬰兒，使其有參與感；當幼兒打弟妹時，便已產生嫉妒情緒，此時父母除保護嬰兒不受到傷害外，更要對大孩子表示母親對他的愛，絕不可一味的責備；父母對待孩子應公平，避免有偏愛的現象。

情緒困擾之幼兒

情緒困擾的定義

幼兒在日常生活中，都會遇到許許多多的問題，這些問題如果解決或克服，就會獲致成功的滿足，經驗的擴展；反之，若是不能解決或克服，則會造成幼兒的「情緒困擾」(emotional disturbance)，甚至產生許多不良適應或問題行為。所謂情緒困擾，詳言之，即是個體想達到本身需求時，遭遇到外界的阻礙或個體本身的心理衝擊，而陷於一種挫折情境，使個體感到焦慮、痛苦、恐懼、情緒不安、猶豫不決等情緒狀態，時間經久，往往無法善用其心智能力於建設性工作，造成生活適應的困擾，凡此即稱為情緒困擾。

引起幼兒情緒困擾的原因很多，大抵可分為以下五類：

- 幼兒與社會衝突：如初入幼稚園的幼兒，對適應新環境產生恐懼與不安。
- 幼兒的慾望受阻止：如比賽失敗或經常遭遇挫折。
- 成人或友伴的嘲笑、譏諷引起的自卑感。
- 肢體殘缺、儀表缺陷所引起的羞恥心。
- 父母的偏愛，造成幼兒強烈的嫉妒心理（如嫉妒弟妹）。

幼兒情緒困擾的特徵

關於幼兒情緒困擾，表現於外，顯而易見的徵候很多，葛道明（民國73）列出了發生頻率最多的前十二項徵候如次：

- 坐立不安。
- 亂咬、踢、打、摔。
- 大聲吼叫、哭鬧。
- 口吃、變音。
- 顏面通紅、青筋暴露。
- 呼吸吃力或困難的樣子。
- 面部或手臂肌肉緊張或痙攣。
- 咬指甲或亂摸身體、亂抓頭。
- 有「白日夢」的傾向。
- 睡眠不寧，有做惡夢、夢囈的傾向。
- 退縮、膽怯、孤僻、自卑、不理別人。

- 有「神經質」的一些現象。

鮑爾(Bower，1960)則提出情緒困擾幼兒必須具有以下一種或二種以上特徵，且維持一段時間者，而其所提出之此五項特徵，亦為美國特殊教育法案九四至一百四十二公法所採用，此五特徵為：（轉引自林麗華，民國74）

- 無法正常的學習，其原因無法用智力、感覺或健康因素解釋的。
- 無法和老師、同學建立或維持滿意的人際關係。
- 在正常狀態下卻經常表現出不適當的行為或感覺。
- 經常顯現出沮喪和不快樂。
- 情緒不安有發展成生理症狀的趨勢。

綜合上述學者的看法，當嬰幼兒有情緒困擾時，最常出現以下八種徵候：

- 坐立不寧，東張西望。
- 拍桌踢凳，亂摔東西。
- 面部肌肉緊張。
- 口吃或吃力的深呼吸。
- 咬指甲和亂抓頭。
- 睡眠不穩，常做惡夢、說夢話。
- 其他神經質的表現。
- 過分白日夢的傾向。

情緒困擾的輔導

對情緒困擾之幼兒，經診斷原因後，可依個別差異，選擇下列幾種方式來輔導：

心理治療 即運用心理學的原理與方法，以治療由心理因素所造成的情緒問題。

工作治療 使情緒困擾的幼兒致力於一種有興趣、有價值的工作或活動，如繪畫、音樂，如此必能使他全神貫注，消除緊張心理狀態。

行為治療 係以行為主義的學習理論為原理，以交替學習為基礎而發展出來的，其中心觀念認為一切行為徵候均由學習而來，所以只要適當訓練即可消弱其不良適應，或在預先設計的情境中，學習一種新的正確反應去替代原有錯誤的反應。因此，當幼兒出現不良行為時，可採用正、負增強法、懲罰、消弱等行為改變技術來改善其困擾行為。

團體治療 使情緒困擾幼兒參與團體活動，增進人際關係，在快樂情境中達到治療目的。

態度治療 指與治療工作有關的人員，維持一致的態度，指導者不但矯正問題幼兒，還要矯正與幼兒有關的成人，如父母、老師等，唯有大家態度一致、態度正確，使幼兒感到安全、愉快，自然有助於健康心理的恢復。

遊戲治療 乃利用遊戲的方法來分析幼兒的心理問題，使幼兒藉遊戲的過程，將其內心的敵對、仇恨、攻擊等情緒發洩，於遊戲中允許幼兒表現有限度的破壞行為而不責難，才能將其壓抑的情緒發洩，使問題行為消失。

參考資料

阮淑宜。〈學前兒童情緒與認知之探討〉。幼兒教育年刊，
　　第4期，頁87～94。民國80年。

林麗華。〈發展治療法對情緒困擾兒童教育之應用〉。特殊
　　教育季刊，第15期，頁2～5。民國74年。

吳穗華。〈了解您幼兒的情緒〉。台電月刊，222期，頁78～
　　80。民國70年。

胡永崇。〈學習障礙兒童社會情緒行為的發展及其輔導〉。
　　特教園丁，第5卷第4期，頁8～13。民國79年。

張春興。《心理學》。台北：東華書局出版。民國77年。

張春興。〈從情緒發展理論的演變論情意教育〉。教育心理
　　學報，第23期，頁1～12。民國79年。

章淑婷。〈兒童情緒發展之探討〉。幼兒教育學報，第1期，
　　頁36～53。民國81年。

章淑婷。〈幼兒情緒教育之探討〉。幼兒教育學報，第2期，
　　頁139～166。民國82年。

章淑婷。〈幼兒對情緒世界的認知〉。幼兒教育年刊，第6期，
　　頁261～284。民國82年。

葛道明。〈幼兒情緒的輔導〉。國教輔導，第24卷第1期，頁
　　3～4。民國73年。

蘇建文。〈兒童及青少年情緒穩定性發展之研究〉。家政教
　　育，第8卷第4期，頁1～8。民國70年。

Ainsworth, M. and Bell, S.M. (1970)　Attachment,

exploration, and separation: Illustrated by the behavior of one-year-olds in a strange situation. *Child Development,* 41,49-67.

Bridges, K.M.B. (1932)   Emotional Development in Early Infancy. *Child Development,* 3,324-341.

Gallagher, J.J. and Crowder, T.H. (1957)   The adjustment of gifted children in the regular class-room. *Eexceptional Children,* 23,306-319.

Gesell, A. (1929)   Maturation and Infant Behavior Pattern. *Psychol. Rev.,* 36,307-319.

Jewett, S. and Blanchard, P. (1922)   The influence of affective disturbance on responses to the Stanford-Binet test. *Mental Hygiene,* N.Y., 6,39-56.

Mackage, P.L. (1928)   The interrelation of emotion and intelligence. *American Journal of Sociology,* 24(3),451-464.

Sontag, L.W., Baker, C.T., & Nelson, V.L. (1956) Personality as a determinant of Performance, *American Journal of Orthopsychiatry,* 25,555-562.

第8章

●語言發展

◎ 語言的意義

◎ 幼兒語言發展特徵

◎ 語言的功能

◎ 語言發展的分期

◎ 影響幼兒語言發展的因素

◎ 幼兒語言內容的發展

◎ 語言發展的輔導

◎ 參考資料

語言的意義

所謂語言是指傳達思想、感情，或能引起他人反應的行為。Bangs(1982)認為語言的溝通方式，可透過國語、文字、手語、身體語言或各種溝通符號而達成，因此語言不止是指說話，而是包括了啼哭、手勢、喜、怒的表情、呼喊、嘆息、書寫、繪畫等，都算是語言。只是有音節，含有意義的語言，才能夠把其他的各種語言用容易使人了解的方式「說」出來，使別人聽得懂，所以音節加上音義才是語言的要素。因此，鄭莊（民國79）對語言下一個狹義的定義：「語言是用聲音符號，表達人類思想和情感的工具。」

幼兒語言發展特徵

皮亞傑是第一個把幼兒的語言依其功能之不同而加以分類者。皮氏認為幼兒說話的功用並不是單純的將思想表達而已，而是幼兒利用語言來與他自己交往，同時也利用語言來與別人交往；足見語言有其特殊功能存在。皮氏將幼兒自己與自己相互交往的語言，叫做「自我中心語言」，而將幼兒自己與別人相互交往的語言叫做「社會性語言」。分別介紹此兩種語言發展的特徵(Piaget，1924)：

自我中心語言

是一種自我語言的型式，幼兒並不想知道他正在向誰說話，也不關心他的話有沒有人聽；他只為自己想說話而說話即能夠得到快樂。此期幼兒在用詞上，以第一人稱「我」或「我的」等代名詞為多，其特徵為：

反覆語　在幼兒期的最初期裡，嬰兒常將所聽到的語言一再的反覆，他雖然不一定知道是什麼意思，都會照著所聽到的聲音去模仿。例如：當幼兒聽到時鐘「答答」的響，他就會模仿著說出「答答」的聲音，幼兒就這樣藉著聲音的重複，當作語言遊戲自娛。

獨語　幼兒即使獨自一個人，也會邊說邊想似地向著自己說話，他不是在與別人交換思想，而是以語言來陪伴他的行為。

集體的獨語　即使在團體中，幼兒依照自己邊想邊做不會去注意到別人，也不去考慮別人的現實反應。如幼兒說：「嗯！這邊有馬，嗯！這是大砲耶！」此處的「嗯」，幼兒並不期待他人的回應，而是幼兒假定有人聽著，而在對假定的聽話者說話而已。

社會性語言

由於社會化的結果，幼兒已能真正的向聽話者說話，且能考慮到別人的觀點和反應，其特徵為：

適應性的述說　此時幼兒已不是對他心目中假定的聽話者說話，而是要使真的聽話者聽他說話，會企圖影響對方。

批評　此時幼兒已能用語言來批評別人的缺點或指責別

人的過失。

命令或請求　幼兒已會以命令或請求的口吻與其他人互動，如幼兒說：「拿下來，給我騎」或「拜託，給我」。

質問　幼兒所發出的問題，幾乎全都是想要人家回答他的問題，例如：「你要吃什麼？」。

回答　幼兒已會回答別人的問題，且不是自發的語言，如別人問：「你在看什麼？」，幼兒會回答他正在看的東西：「小狗」。

語言的功能

以比較綜合的觀點來說明幼兒語言的七大功能：

幼兒經由語言來表現其情緒、情感和願望(desires)　幼兒學會了語言之後，便能以嗯嗯等具有感情的聲音來代表自己內在的情緒，他們會以各種不同型式的語言來表示嫉妒、懼怕、寂寞、高興、得意等情緒狀態。

幼兒以語言遊戲來獲得快樂　例如一個嬰兒在他醒著的時候，利用大部分的時間來做發音的遊戲，他發現自己美妙而悅耳的聲音，而充分享受著種種快樂。

幼兒以語言作為社會化的手段　有時候，幼兒的語言只是在引起他人的注意，並用以控制別人的行為。

幼兒以語言使自己的想法獲得社會的認可或作為社會交換的準備　這是一種疑問的語言功能，幼兒經由發問可對其周圍各種新奇的事物一一加以接觸和探討，並滿足好奇心理。

幼兒經由語言作「有聲的思考與想像」　正如皮亞傑所謂的「獨語」即是一種有聲的思考過程或想像過程，是幼兒思考想像的聲音化、表面化。

幼兒以語言來促使事情的發生　通常幼兒以懇請、要求、命令或威脅等簡單的語言，來促成其所樂意看到的事情的實現，如幼兒說：「媽媽，我再睡一次醒過來，你要帶我去看電影哦！」幼兒能藉這種形式的語言，促成某一些事情，在最近的未來裡實現。

幼兒以語言交換知識與觀念的方法　幼兒利用語言將自己的想法傳遞給同伴，利用語言的溝通，不斷學習新的知識與觀念。

語言發展的分期

學習說話是一個長而複雜的過程。從嬰兒的第一聲哭叫到能說精巧繁雜的句子，是一步一步發展而來，而這發展是連續不可分割的過程；唯許多心理學家喜歡把語言發展分成各種不同的階段，分別去發現各階段的特徵而從此中去研究幼兒語言發展的一般趨向，其發展劃分大約可分為以下五個階段：

發音時期

大約從出生至一歲左右，可說是幼兒出生後發音的預備期，又稱「先聲時期」。自幼兒出生後的啼哭、微笑、「嗚嗚」、「呀呀」的發出聲音，和對成人或語言的了解，均屬

此一時期。

　　嬰兒的語言是從哭開始的，大約從三個月到一歲時為止。嬰兒偶然會咕咕發聲及牙牙學語，一再重複同樣的聲音（例如「da da da」）；模仿成人的語言一般在九個月時開始，但此階段他只模仿那些他已經自動發出的聲音。而大約在十個月大時，對於簡單的命令會有反應。綜合來說，此時期幼兒的語言發展特徵，是由無意義到有意義，由無目的到有目的，由生理需求的滿足到心理需求的滿足。

單字句期

　　大約是幼兒一歲到一歲半的年齡，此時期的幼兒能發出「爸」、「媽」、「大」等音，而明顯可看出的是，這時幼兒所發出的多半是單音重疊，同時，有時以「聲音」的特徵來代稱物品，如「咚咚」代表鼓，「汪汪」代表狗，此期幼兒對「發音」的學習有很大的興趣。單字句期幼兒的語言發展有三個特徵：

- 以單字表示整句的意思。
- 以物的聲音做其名稱。
- 常發重疊的單音。

多字句期

　　大約從一歲半至兩歲，此期幼兒開始將不同的兩個語詞組成一個句子，突破單字句的難關，逐漸進展至數字語句，如「媽媽，車車」，再進而為多字的語句。但開始時，兩個語句間常有間隔，其結構甚不緊密，譬如「媽媽——糖」便

是一個例子。此外，幼兒也開始使用一些詞彙，如以詞類區分，最先出現的是名詞，如「花花，漂漂，開車車」；此時幼兒說話不只是發音及模仿成人的聲音而已，並且也能學習它的意義了。幼兒在此一年齡口語詞彙學習得很快，語言也就在此期進步神速。綜言之，此期兩個發展特點為：

- 幼兒語句中以名詞最多，漸漸增加動詞，而後增加形容詞。
- 由於幼兒通常隨想隨說，句子常顛三倒四，不顧及語法。

文法期

兩歲到兩歲半的幼兒屬於此一時期。在此一時期以前幼兒的思想組織不夠有條理，用的語言自然也是零亂的；進入此時期後，幼兒開始注意文法，可清晰、正確的說出一個完整的句子；約在兩歲半時，幼兒已常常使用「你、我、他」的人稱觀念，他開始意識到自我，漸漸發現他自己與自己以外的世界是相對立的，亦即幼兒發現到自己，並發現有客觀的存在。並且幼兒已能確切了解聲音所代表的意義。

複句期

兩歲半到三歲半的幼兒語言發展屬複句期，此期幼兒多使用複句，雖然常在使用時會發生關係詞遺漏的現象，但會慢慢減少這種錯誤；三歲期間，幼兒的字彙以驚人的速率增加，長串的字組成句子，也能以正確的文法表達。幼兒此時使用的連接詞常有「以後」、「因為」、「所以」、「如

果」、「要是」……等；其語言特徵有以下兩點：

- 複句：語言發展由簡單句到複合句，亦能講兩個平行
  的句子。
- 好問：此期幼兒由於因果的思想萌芽，對於一切不熟
  悉的事物，都喜歡問其所以然，「爲什麼……」成了
  幼兒的口頭禪，故又稱「好問期」(questioningage)，
  這個時候是決定幼兒將來語言發展良窳的關鍵時期，
  成人應有效的加以輔導，以滿足其求知慾及語言發
  展。

完成時期

　　四歲至六歲的幼兒，語言已可完整表達，此期幼兒已由
好奇的發問與學習新語彙而逐漸演變至追求語句的內容和求
知。幼兒語彙至此已多達一千七百個左右（鄭蕤，民國79）。

影響幼兒語言發展的因素

　　幼兒語言表達能力的優劣，包括反應量的多少和品質的
好壞。然而，不管在質或量上，每個幼兒都顯示極大的不同。
國內學者林清山（民國55）亦指出，語言在兒童的發展領域
裡，比起其他的方面顯出更大更明顯的個別差異來。是什麼
因素造成幼兒語言發展上的差異呢？林清山（民國55）以爲
智慧、人格、年齡因素及環境因素等均是影響因素；吳培源
（民國68）以爲排行、性別及親子互動爲主因；包美伶（民

國78）認為性別、排行及父母社經地位為影響因素；鄭蒝
（民國79）亦認為影響因素為智慧、環境、性別及性格、心
理及學習等因素。由以上學者的研究不難看出，生理、心理
及環境因素均對幼兒語言發展有所影響。經綜合整理影響幼
兒語言發展的因素有以下幾點：

性別與排行因素

　　性別與排行為兩個先天因素，一般研究認為此兩個因素
對幼兒語言發展有所影響。在性別因素上的影響如下：

- 一般說來，女童比男童早說話，男童平均15.76個月開
  始說話，女童則為14.88個月（王馨生，民國66）。女
  童較早使用句子，字彙的量亦多於男童。
- 女童的語言品質優於男童，研究發現在各種構音和語
  言流暢上的評量，女童較男童為佳（包佳伶，民國
  78）。MacCoby & Jacklin(1974)認為男女生在早期
  有發展上的差異，但到了後期女孩的優勢會消失，惟
  在拼音、書寫或學習外國語言的能力上，女孩仍比男
  孩好。
- 女童語言障礙的比率比男童低，林寶貴（民國73）研
  究幼兒語言障礙之出現率時指出：四、五、六歲男童
  語言障礙率分別為7.47%、4.72%、4.31%，而女童分
  別為4.96%、3.22%、2.83%，由此可知女童語言障礙
  率較男童低。

至於在排行因素中，Breland(1973)研究發現，子女中的頭胎在語言能力上較後胎爲高。赫洛克(Hurlock)亦認爲獨生子女或多胞子女的老大所得語言鼓勵較多，且有較多學習語言的機會，所以語言能力較佳（轉引自胡海國譯，民國65）。由赫洛克的說明，我們體驗到排行序所造成的語言能力差異，其眞正的主因在於幼兒學習語言的機會，亦即環境的影響。

年齡因素

　　隨著年齡的增長，幼兒語言的發展將出現以下特徵：

　　幼兒的字彙、語彙隨年齡而增加　根據日本文部省（相當於我國的教育部）所公布的五歲前幼兒的語言發展鑑定標準指出，一歲的幼兒有一至二個語彙數，一歲半有十至二十個語彙，兩歲有五十至二百五十個語彙，兩歲半有四百至五百個語彙，三歲時增加到五百至一千個語彙（轉引自林寶貴，民國73）。Eisenson(1985)亦認爲語彙數隨年齡的成長而呈現一個向上延伸的正比曲線。

　　幼兒使用語句的長度隨年齡而增加　楊國樞等（民國73）多位學者的研究發現，年齡愈大的幼兒說的較多，語言變化較大，句子較長，且每句中之名詞、動詞、副詞、形容詞、介詞、連接詞較多。

　　語句的完整和複雜的程度隨年齡而成長　三歲至五歲間的幼兒語言間有複合句與複句的產生，到五歲即有複雜結構的句子，句型也有各種變化，句子長度亦顯著地增加(Owen, Fromen & Moscow，1981)。

隨年齡的增加，自我中心語言愈少，而社會化語言漸多
根據Axia & Baroni(1985)的研究指出，幼兒大約在六歲時
能瞭解與產生禮節性的詞彙，六歲以後能作禮貌性的請求，
到了九歲才完全精熟禮節性的詞彙；五歲以前幾乎難以使用
禮貌性的用語。由此可知，社會化語言會隨著年齡的增長而
愈發展。

智力的因素

　　幼兒的語言發展，深受智力發展的影響，通常以幼兒開
始說話的年齡來代表幼兒往後的語言發展，智慧高的孩子在
出生後十一個月就能開始說話，智慧差的約須三十四個月，
低能幼兒則須五十一個月（鄭莊，民國79）。早在一九二五
年，Terman研究六百名天才兒童開始說話年齡與智力的關
係，即有此類似的發現。當然，我們不能以說話慢的其智慧
發展較差，或以語言來推斷幼兒的智慧，如此均極易產生錯
誤，惟不難發現智力高的幼兒有以下三點特徵：（黃志成、
王麗美，民國83）

- 智力高的幼兒開始學說話的時間較早，反之則較晚。
- 智力高的幼兒使用語句較長，反之則較短。
- 智力高的兒童，在語言使用的品質較好，反之則較差。

家庭因素

Morrison(1984)研究發現早期教育中父母和家庭是最大資源，父母的參與能改善幼兒的成就。因此學者們紛紛就家庭中的各項變數對幼兒語言發展的影響加以研究，有的從社經地位(Erisenson，1983；Greenberg，1974)、父母教育程度（鄭蒞，民國79）、親子互動（Killian, et al.，1979；吳培源，民國68）加以研究，亦有從友伴多寡進行研究，分別將研究結果結論如下：

家庭社經地位較高者，語言發展較好，反之則較差
Erisenson(1983)認為低社經階級者所使用的語言，多屬情緒性的表達，在字彙和語法結構上並不豐富。反之，中高社經階級的人，能表達更詳細與更抽象的語言；John(1967)研究不同社經地位幼兒在語言行為上，中高社經地位幼兒的表現皆較低社經地位幼兒好。

父母教育程度高者，語言發展較好，反之則較差 國內學者鐘玉梅和徐道昌（民國72）以一百八十八名三至六歲體能與智力發展均正常的台北市幼稚園兒童，進行「學齡前兒童語言發展相關因素」的研究，發現父母的教育程度對子女的語言能力有重大的影響，教育程度愈高者，子女語言能力愈佳，反之則較差，鄭金謀（民國66）亦有同樣的發現。

親子互動較頻繁者，語言發展較好，反之則較差
Adler(1973)及Broen(1972)以正常兒童為研究對象，觀察兒童在家中的語言環境，發現家庭中適當的親子之間語言交流對兒童語言能力的影響十分重要。Jones(1972)由研究結果亦

提出高語文能力的兒童，其雙親常主動與兒童交談，且提供各種閱讀書報，刺激兒童的語文認知，並鼓勵兒童多從事語言活動。

兄姊及年長之友伴愈多者，學習語言的機會愈多　故語言的發展較好；反之，日常生活中，弟妹及年齡較小之友伴較多時，缺乏學習語言的機會，故語言發展較差，甚至有退化性語言出現（黃志成、王麗美，民國83）。

幼兒語言內容的發展

隨著年齡的增長，幼兒語言內容亦逐漸發展，以下分三部分說明其發展情形：

語彙的增加

幼兒隨年齡的增加，生活經驗的擴大，語彙也不斷的增加。在一歲以前幼兒還難以說出第一個字詞，在一歲半左右只能說出少量的詞，但在兩歲至兩歲以後語彙量急遽增加，約在兩歲至四歲是幼兒語彙增加最快的時期。

詞類的分化

隨著年齡的增加，幼兒的詞類也不停的分化。開始學習說話的幼兒，以名詞出現最多。由於學習的結果慢慢分化出更多的動詞、代名詞、形容詞、副詞等。

語句的加長

　　幼兒的語言，由最初的單字句進而雙字句、多字句，最後進入複句期，均顯示語句的加長。

語言發展的輔導

　　洪靜安（民國73）在《兒童發展與輔導》一書中，將輔導幼兒語言的發展分為：

　　「一字句」時期的輔導　成人要有耐心去揣度幼兒的語言，並給予鼓勵。

　　「好問期」的輔導　成人需耐心的回答幼兒接連不斷的詢問，若因事物繁忙，千萬不可表示厭煩或禁止幼兒發問，而應另給時間再談。

　　「口吃」的輔導　因口吃多為心理上的因素造成，應特別加以輔導，避免不友善的態度對待幼兒，並應實施專門治療。

　　說話與聽話的輔導　多予幼兒聽話和練習說話的機會，並鼓勵幼兒自動發表。

　　閱讀興趣的培養　為幼兒尋探適合其年齡和程度的優良讀物，閱讀後，用各種方式練習幼兒發表。

　　謹提出一般性的輔導方法如以下八點：

- 注意發音器官的保護：舉凡與發音有關的器官（如聽覺、牙齒咬合、喉嚨、聲帶等）均應善加保護，以利發音。

- 提供良好的學習機會：自嬰幼兒期，即應提供語言上的刺激，並掌握學習語言的關鍵期，父母給予良好的示範。

- 慎選玩伴：爲幼兒注意玩伴的選擇，一方面使其有更多學習語言的機會，二方面避免使其學習到不正確或不文雅的語句。

- 給幼兒充分說話的機會：採民主的方式教育幼兒，讓幼兒有發表意見的機會，如此有利語言的發展。

- 養成幼兒良好的語言習慣：讓幼兒常說「請」、「對不起」、「謝謝」等禮貌用語，並使幼兒注意別人說話時不插嘴、不高聲喧嘩。

- 提供輔助語言教材：鄭蓀（民國79）認爲運用適合幼兒學習的教材，對幼兒語言學習助益較大，如提供錄音帶優良電視節目、讀物等，能使幼兒學到更多的語句及正確的發音。

- 隨時糾正：聽到幼兒有不正確的發音或不文雅的語句時，應隨時糾正。

- 對於少數語言障礙的幼兒，如口吃、構音異常等，應隨時予以糾正，必要時，得請語言治療師即早予以矯正。

參考資料

王馨生。《兒童心理學》。台北：台灣書局印行。民國
　　66年。

包美伶。〈學前兒童語言表達能力與有關因素之研
　　究〉。國立台灣教育學院特教研究所碩士論文。民
　　國78年。

吳培源。〈排行、社經地位、親子交互作用與兒童語言
　　行為的關係〉。教育研究所集刊，第21輯，頁1～43。
　　民國68年。

林清山。〈兒童語言發展的研究〉。教育研究所集刊，
　　第9輯。民國55年。

林寶貴。〈我國4歲至15歲兒童語言障礙出現率調查研
　　究〉。國立台灣教育學院學報，第9期，頁132。民
　　國73年。

洪靜安。《兒童發展與輔導》。台北：國立編譯館主編，
　　正中書局印行。民國73年。

胡海國（譯）。《發展心理學》。台北：桂冠圖書公司
　　印行。民國65年。

張春興。《心理學》。台北：東華書局出版。民國73年。

黃志成、王麗美。《兒童發展與輔導》。台北：頂淵文
　　化事業有限公司印行。民國83年。

鐘玉梅、徐道昌。〈學齡前兒童語言發展相關因素之研
　　究〉。中華醫誌，第31卷第4期，頁273～279。民國

72年。

楊國樞、楊有唯、蕭育汾。學前與國小兒童口頭語言之
發展及其相關因素：楊國樞、張春興編著。《中國
兒童行為的發展》，台北：環宇出版社，頁143〜
238。民國73年。

鄭蕤。《幼兒語文教學研究》。台北：五南圖書公司。
民國79年。

鄭金謀。〈產序、社經地位、父母管教方式與兒童創造
行為的關係〉。政治大學教育心理研究，創刊號，
頁228〜229。民國66年。

Axia, G. and Baroni, M.R. (1985)   Linguistic
politeness at different age levels. *Child Devel-
opment,* 56,918-927.

Bangs, T.E. (1982)   *Language and learning dis-
order of preacademic child(2nd ed.).* Engl-
ewood Cliffs, N.J.: Prentice-Hall.

Breland, H.M. (1973)   "Birth order effects: A
reply to schooler", *Psychological Bulletin,* Vol.
80(3), 210-212.

Eisenson, J. (1985)   *Communicative disorders in
children(5th ed.)* New York: MacMillan Publi-
shing Co.

John, V.P. (1967)   "The intellectual develop-
ment of slum children: some preliminary find-
ings." In J.P. DeCecco(Ed.). *The Psycholog,*

Language, and Shoughts and Instruction, Holt, Rigthart & Winston Inc.

Morrison, G.S. (1984)   *Early childhood education today(3rd ed.).* Columbus, Ohio Bell & Howell Company.

Owen, S.V., Froman, R.D., and Moscow, H. (1981)   *Education Psychology.* Boston MA: Little, Brown and Company.

第9章

第9章

繪畫能力的發展

◎ 幼兒畫的定義
◎ 繪畫的教育價值
◎ 幼兒繪畫之發展階段
◎ 幼兒繪畫的特徵
◎ 幼兒繪畫的輔導
◎ 參考資料

幼兒畫的定義

　　廣義的語言除一般的說話外，尚包括手勢（語）、表情、書寫與繪畫等。繪畫甚至比語言更為直接，人們常說繪畫是國際語言，因為它具有超越時空的溝通能力；這個國家的人如果不懂另一國的語言符號，他和另一國人之間的溝通將發生困難，然而，無論是原始人的壁畫、西洋繪畫、中國繪畫……在欣賞之際，心靈間自自然然的產生了共鳴，沒有時間或空間的界限存在。而幼兒繪畫，是幼兒心靈的表現，又是幼兒的另一種語言，如果我們站在幼兒的立場去欣賞它，我們常會發現幼兒所表現驚人的創造力。而且，也可以從幼兒畫中發現幼兒用筆在表達其心靈的活動，畫出心中的概念，畫出所想、所記憶的東西，亦即其思想與情感的表達。

　　簡言之，「幼兒畫」係指發自幼兒本身純真而率直的思考、感情以及感覺、直覺等經驗所創造出的繪畫而言（夏勳，民國75）。例如：自由畫中的想像畫、記憶畫、幻想畫、故事畫以及寫生畫和抽象的造形等繪畫屬之。大體說來，幼兒畫的創造經驗，是隨個體的性格和心理、生理的區別而有所差異，在其繪畫的興趣方面，則隨著成長與經驗的擴展而有所遞變。

繪畫的教育價值

　　潘元石（民國73）在其所著《怎樣指導兒童畫》一書中提出幼兒美術的教育價值，在於培養幼兒的「創造能力」，與「美的情操」；胡寶林（民國76）則將幼兒美術教育的價值細分為以下幾類：

- 促進手指的靈活。
- 學習了解外在世界。
- 開放自由的意志，滿足想像的慾望。
- 促成人格發展的自信力。
- 促進社會群體的個人同化力。
- 擴大表現的語言，充實有創造性的生活。
- 美感的培養及人生價值的發現。
- 刺激幼兒智力的發展。

　　根據上述兩位學者及筆者之看法，提出以下八大價值：

- 滿足本能的需求：幼兒喜歡塗塗畫畫，提供紙和筆給幼兒畫畫，可以滿足其需求。
- 滿足想像力：幼兒的想像力很豐富，可以藉由繪畫表達出來，如此可滿足其想像力。
- 培養敏銳的觀察力：幼兒本性好奇，他們喜歡觀察自然界的各種事物，然後表現於繪畫中，如此可以培養敏銳的觀察力。

- 培養創造力：幼兒常想到什麼就畫什麼，因此，繪畫活動，可以培養其創造力。

- 培養鑑賞力：幼兒在繪畫之後，常會自我欣賞一番，同時亦喜歡欣賞他人作品，並觀察其他風景照片、人物畫等，均可培養鑑賞力。

- 可以培養其興趣：幼兒的可塑性大，給予繪畫的機會，並有效的鼓勵與指導，可以培養其繪畫的興趣。

- 繪畫是寫字的基礎：幼兒骨骼發育不全，還不適合於寫字，但可以拿較大枝的蠟筆，奠定將來兒童期寫字的基礎。

- 診斷心理狀態：幼兒將心理所感表現於繪畫上，因此，吾人可從幼兒畫中診斷出其心理特質。

幼兒繪畫之發展階段

各國幼兒的繪畫形式，發展階段都大致相同，只有題材各具地方特性的差異。一般而言，可依年齡劃分為塗鴉期、象徵期、前圖式期、圖式期、寫實前期及寫實期共六期，惟最近幾年來，幼兒因身心急速發展，繪畫的成長順序也跟著提昇，各階段的潛在期間都縮短了（潘元石，民國73）；此外，幼兒繪畫的發展階段仍應視幼兒的教育環境而有差別，藝術資源豐富的環境中發展得快，貧乏的環境中則發展得慢。

塗鴉期

　　嬰兒出生後，從一歲至兩歲之間，只要手裡拿著蠟筆或
鉛筆，就會在紙上或地板上亂畫起線條來。因為這個時期所
畫的是沒有意思的內容，所以稱為「塗鴉期」。這種塗鴉僅
可視為嬰幼兒純以運動感覺活動為興趣中心，是無意識中所
產生手臂反覆運動的結果，屬於沒有意義的圖畫。

　　這種以線條為主的塗鴉期，又稱為「錯畫期」，雖然只
是無意義的塗鴉，卻可細分為好幾個階段（趙雲，民國75）：

　　未分化的塗鴉　由於動作的不協調，畫在紙上的是一些
凌亂的線條，有時會不小心把線條畫到紙外。

　　直線塗鴉或控制塗鴉　此時動作已較能控制，手、眼之
間，也逐漸協調，幼兒可在紙上畫出上下或左右的直線。

　　圓形塗鴉　在紙上重複地畫圓圈。

　　命名塗鴉　此階段為塗鴉後期，幼兒雖然仍未能畫出具
體的形像，但已有很明顯的意圖想表達些什麼，幼兒常一面
畫，一面喃喃自語，說明他想像的東西，有時也會為這幅作
品命名。

象徵期

　　塗鴉末期，亦即兩歲前後，幼兒已開始如上述說明會為
其所畫的形體命名，此時，幼兒已表現出希望藉繪畫與別人
溝通的意味。此期幼兒約自兩至三歲，其想像力逐漸發達，
對紙和筆的性能、視覺和動作的控制，都有了相當的認識，
於是開始意圖畫出一些形象，但此期幼兒仍是畫其所
「知」、所「感」和所「想」，而不是畫其所「見」。根據

國內學者趙雲（民國75）的觀察，不論是正常或智能不足的幼兒，在命名塗鴉之後，最先畫出的有形狀的東西，就是「人」，且通常所畫的人非常有趣，一個歪歪斜斜的圖形代表頭，兩隻大眼睛，那些人通常沒有鼻子也沒有嘴巴，耳朵更不必要了。長長的直線代表手和腳，直接連在頭上，樣子有點像池塘裡的蝌蚪，因此有人稱這種人為「蝌蚪人」。

由於語言的學習，此期的幼兒已知道用語言的符號幫助思想及表達意念。這時所做的繪畫活動是「有意念的塗鴉」，雖然無法把握形象，但卻想表現什麼，愛對自己的塗鴉命名，或先命名而後塗鴉，畫一些大小圓圈，或模仿父母的文字書寫動作，懂得以一個單獨的線條來命名一種東西，所以象徵期是幼兒有意念的塗鴉期。

前圖式期

約從三歲至四歲。此期幼兒對他生活環境裡所接觸到的人物、玩具、樹木、動物、房屋等，漸漸地認識與了解，因此對這類事物，已漸漸畫出其形體的形象與特徵，只是表現的還不是很確實。所謂前圖式期，係指無論是畫人物、玩具或動物，都以一定的圖式加以表現；有時只畫某一部分或做一些記號，以表現該形體的全部。由於形象模糊，常被認為仍停滯於象徵期的階段，而其中的差別在於象徵期的圖畫，若不經解釋，無法了解所畫為何？但在前圖式期的圖畫，已略可明白其所畫的形象了。

這時期的圖畫以人物的題材居多，尤其是畫自己的份量最多，其次是母親、父親、幼稚園的老師。凡在日常生活中

與自己較多接觸的，都容易成為其繪畫的題材。

圖式期

幼兒從四歲到八歲的階段，被稱為是圖式期，也就是所謂開始畫像樣的圖畫的時期；此期幼兒不但所畫的圖案與實體相仿，而且也已具有一定的畫法。惟此期雖可描畫出一些像實物的東西，但卻並非依照實在的物體的形狀，量及關係而加以實際寫生，都是憑其記憶而描畫。

國內建築學者胡寶林（民國76）則認為，四到八歲的圖式期的幼兒畫是最可愛與天真浪漫的，幼兒嘗試以圖畫表現心像，發洩感情，流露願望，成為幼兒畫特有的視覺語言，這是最受成人欣賞的階段。

圖式期的繪圖表現，有以下幾種特徵（潘元石，民國73）：

透明式的表現 從外面無法看到的東西，也會從觀念上加以描畫，例如，畫人物時，口袋裡的錢幣、手帕、衛生紙等會全畫出來。

展開式的表現 像一幅展開的畫一般，通常表現在畫家裡人一同用餐的情形，這時的四個桌腳和用餐的家人，均向四周展開，宛如從空中鳥瞰似的。

基底線的表現 基底線係指描畫區分天、地的分界線，通常此時幼兒會先繪出基底線，表示土地（地平線）的線。所有人、花、木都畫在基底線上。

並列式的表現 在土地的基底線上，把人、花、木等全都排列的描繪出來。

強調式的表現 例如，畫媽媽用手拍哭泣中的弟弟時，幼兒怕媽媽的手拍不到弟弟，而將那隻手臂畫得伸得很長，直到碰到弟弟爲止。

報仇式的表現 幼兒常在圖畫中改畫別人以達到報仇的願望，如幼兒故意把他討厭人的頭髮、臉孔塗畫的一團糟。

擬人畫的表現 幼兒對其本身以外的動物，常以自我中心意識的眼光去觀看，去推想，如畫魚時，以擬人畫的方式，爲魚畫上頭髮、眼鏡……等等。

裝飾性的表現 係透過繪畫來作爲滿足自己的裝飾慾望的表現法，此種特性以女孩子居多，如，在自畫像上，畫了鮮紅的蝴蝶結、亮晶晶的耳環、項鍊等。

寫實前期

約從八歲到十四歲。此時對空間的關係或物體的形狀、色調等，逐漸地描述得與實物相接近了。

寫實期

約從十四歲以後，兒童已有廣泛的知識、繪畫技巧也有增進，此時大致已能對實物忠實地加以描繪。

幼兒繪畫的特徵

一般來說幼兒繪畫具有以下特徵（胡寶林，民國76）：

圖式的繪畫 幼兒的繪畫，都以固定的形式表現出，如臉是圓的，手脚用線條表示；十字形、對稱形、封閉的圓、封閉的不規則三角形，常在無意中成爲幼兒圖畫的元素。

常遺漏或添增視覺資料 幼兒畫中常有主觀、不合理的現象,如畫人時,常忘了耳朵,畫樹葉不畫枝;有時又畫看不見的東西,如畫花和花盆會把根畫出來,像透明的一樣。

遠進大小比例不符實況 幼兒在畫中,並沒有比例的概念,例如,在人物畫中,頭特別大,身體則比較小,兩者不成比例;畫人常常比房子大比樹高。

無「數」的觀念 如五、六歲的幼兒畫手指往往畫一大堆星星放射狀的東西,畫房子的窗戶會畫出許多個,仍缺乏正確的數的觀念。

不合邏輯 幼兒愛畫「躺」下來的樹木,過馬路的人也是像睡在地上一樣,汽車是四腳朝天,此乃幼兒畫的一大特色。

愛用符號及慣用概念形象 幼兒常用某些符號來象徵某些東西,如畫一條水平線來畫分天地,畫個「倒三字形」代表天上的飛鳥,這種概念形象來自於模仿,加以使用後覺得方便,就時常愛用。

愛作裝飾紋理 幼兒作畫時,尤愛裝飾畫面,用一些小圓圈、小點、波浪狀將畫面裝飾得五色繽紛。

想像豐富的世界 幼兒的視覺經驗及知識雖較成人少,但其豐富的想像力,卻是成人無可及的,使得幼兒幾乎沒有什麼題目不能畫,而成人則常久久不能下筆。

主觀及概念的色彩選擇 幼兒常依其主觀選用色彩,卻也常受到概念的習慣來用色,如用綠色來畫樹、畫山,用藍色畫水畫天等。

幼兒繪畫的輔導

　　繪畫提供了幼兒探索操作器材（如畫筆、顏料等），並表現他們對世界的感想和理想的機會，輔導幼兒繪畫的基本目的便是促進藝術及創造力的發展。Feeney, et al,(1984)認為輔導幼兒藝術（包括繪畫、模塑與雕刻等）的策略如下幾點：

　　每天應有一段時間使幼兒進行真正的藝術探索，一般而言，大約應有三十分鐘至一個鐘頭的時間。

　　輔導者最好只作最低限度的介入，特別是在幼兒開始進入藝術探索時，切記應讓幼兒主動表現其創造力。有些幼教老師或父母作出圖樣讓幼兒照樣模仿，或是塗色圖畫本，均會抹煞幼兒繪畫的創造力，因此絕不可在學前教育中使用此類方式。

　　幼兒完成之藝術作品應在家中或課室中細心、醒目的陳列出來，以向幼兒表示你的欣賞，將給予幼兒莫大的鼓舞。

參考資料

趙雲。〈兒童繪畫與心智發展〉。藝術家叢刊。民國75年。

胡寶林。《繪畫與視覺想像力》。台北：遠流出版社。民國
　　76年。

鄭明進。《幼兒美術教育》。台北：洪建全教育文化基金會。
　　民國76年。

夏勳。《兒童美術之開拓》。台北：世界文物出版。民國75
　　年。

夏勳。《兒童畫的發展過程》。台北：世界文物出版。民國
　　77年。

潘元石。《怎樣指導兒童畫》。台北：藝術圖書公司。民國
　　73年。

劉豐榮。《艾斯納藝術教育思想研究》。台北：水牛出版社。
　　民國75年。

Feeney S., Christensen, D. & Moravcik E. (1984)
　　Who Am I in the Lives of Children?

第*10*章

遊戲發展

幼兒遊戲的意義與特徵

幼兒的世界是個遊戲的世界。遊戲對成人而言是一種消遣、娛樂或逃避例行事務的方法,而對幼兒來說卻是一種工作,一種學習,也是他生活的全部。心理學的實驗證明:幼兒在沒有壓力、沒有目的的情況下遊戲,是爲了貯滿未來的生存能力(盧美貴,民國76)。這些在大人眼中看來,似乎零碎、不完整,而且毫無意義的活動,卻是他們長大以後面對不同情境時產生機巧與應變的能力。

二十世紀以來,佛洛依德(Freud)和艾力克森(Erikson)從人格發展的觀點,將遊戲視爲一種情緒行爲,認爲遊戲是達成幼兒健全人格發展的重要基石,同時幼兒在遊戲中能獲得生理與心理的滿足,例如,各種角色的扮演遊戲。佛洛依德又認爲遊戲具有治療的價值,因爲它可協助幼兒學習控制不愉快的經驗,透過遊戲,幼兒能發展其對生理和社會環境的支配力。

由上述的說明,我們可以了解遊戲是幼兒學習的管道。凡是一切能促進幼兒身心發展的活動,均可稱爲幼兒遊戲。(盧美貴,民國76)認爲幼兒遊戲至少包括下列五個特徵:

自發性 基於「想玩」而去玩,並非爲了服從命令。

自由性 無拘無束,伴隨解放開朗以及滿足之感,沒有強制、約束的壓力。

娛樂性 幼兒因爲快樂才遊戲;遊戲對幼兒來說亦是快樂的。

想像性　是靠著幼兒的想像力而展開的活動，而非受日常生活中各種事物的規則，生存的目的所拘束。

　　創造性　靠著想像不斷創造新的遊戲，並能推動未來新的思考作用。

幼兒遊戲的價值及功能

　　從「遊戲中學習」是學前教育的鵠的，遊戲是幼兒智慧的泉源。心理學家布魯納(Bruner)在其所著「遊戲也是正事」(Play is a Serious Business)一文中，說明遊戲是幼兒發展未來成年智能和社會參與的重要工作。由種種實驗得知幼兒在沒有壓力的情境下遊戲是未來貯備生存必須的技術，這些看起來非常幼稚而不完整的活動都可以使他們在長大時，面對不同的情境，將童年遊戲的經驗和反應運用在解決生活問題上。具體而言，遊戲對幼兒的教育價值及功能有下列幾項（盧美貴，民國76）：

增進身心的健康

　　幼兒的遊戲可以促進全身各部感官的發展與肌肉的活動；藉著角色扮演的遊戲活動，幼兒可以充分宣洩其喜、怒、哀、樂、愛、慾、惡，以增進其身心的平衡。

助長社會化的學習

　　幼兒在合作性的遊戲中，擴充生活的領域增加生活的經驗，學習如何與別人和睦相處，知謙恭、懂禮讓、重公德，使個性和群性在社會化的過程中獲得均衡的發展。

培養語言表達及人際溝通的能力

Vygotsky(1967)指出遊戲有助於語言與思考的發展,在遊戲中可以提供幼兒與人交談及正確溝通的機會,使其順利的從自我中心語言期進入社會化的語言期。

提昇智力的發展

幼兒透過富幻想與創造性的遊戲,從中獲得新經驗,並與舊經驗相連結,而能充分刺激其智慧潛能,促進智力發展。如遊戲對於發展幼兒知覺、感覺、增進記憶與判斷、發揮想像力與創造力,以及增進注意力與推理能力,都有深切的影響。

訓練感官能力的協調發展

許多遊戲需要手足敏捷、眼光神速、感覺靈敏、腦筋聰明,方能順利進行,是故,遊戲可以促進幼兒視覺、觸覺以及各種感官的協調聯繫與手腦並用。

啓發創造力

許多遊戲都需要幼兒運用充分的想像力來進行,而想像遊戲中所包含心靈的自由性與超脫現有事實的傾向,與學者們所謂的創造思考的內容有相同之處,因此在遊戲中會孕育其未來創造思考與解決問題的能力。

具有心理治療的功能

幼兒透過遊戲中的角色扮演,常將自己裝扮成大人的模樣,父母或教師若能細心觀察幼兒遊戲時的表情,便可藉「遊

戲治療法」(play therapy)探究其不良適應的根源，消除其心靈創傷、緊張、焦慮或恐懼，不滿的心緒，以達到心理治療的功能。

幼兒遊戲的特質

就幼兒遊戲的發展過程來看，具有下列特性：

幼兒遊戲遵循一定的發展模式，且可以預測

一般幼兒的遊戲發展，大都包含「探索——模仿——試驗——構建」的四個基本模式。出生三個月後的嬰兒喜歡檢視探索他所接觸的東西，這種以感官為主的感覺動作遊戲，一直持續到兩歲左右，過了兩歲以後，幼兒會積極展開簡單積木的堆築、沙石、穿珠遊戲等。到了四、五歲則開始進入團體遊戲階段，如騎馬打仗等。簡言之，幼兒遊戲大致遵循簡單到複雜、無組織到有組織、單獨遊戲到團體遊戲以至於合作遊戲的模式。

隨年齡的增長，遊戲方式有所不同

遊戲方式愈趨社會化 幼兒兩歲以前均為自我中心的單獨遊戲，隨年齡增長，進入團體生活，遊戲方式變得社會化，而產生了合作與競爭的社會化行為。

兩性遊戲明顯劃分 由於社會對性別角色的期許不同，父母對男、女童教養方式亦有所差異，從小即為其選擇適合男女性別的玩具或遊戲，使得性別角色逐漸分化。

玩伴逐漸固定而減少　年紀小的幼兒並不刻意選擇玩伴，待年齡稍長，玩伴漸定型，甚或發展成為小團體。

主動性遊戲減少　年齡愈長，愈傾向轉為看電視、聽音樂、看故事書等被動性活動。

幼兒遊戲有其個別差異

幼兒因性別、智力、環境、年齡、健康情形、休閒時間多寡的不同，使得幼兒遊戲內容與方法也往往各有所異。

幼兒遊戲多是重複的

幼兒遊戲常是一再的重複，如溜滑梯一而再的雖無變化，但幼兒卻樂此不疲。

遊戲受文化影響

生活在各種不同文化的幼兒，其遊戲內容也有所不同，如迎神廟會的遊戲常在台灣的幼兒活動中出現。

幼兒遊戲的分期（發展）

皮亞傑(Piaget，1962)將遊戲分為練習的遊戲、象徵的遊戲及有規則的遊戲，藉以判斷幼兒的認知發展，Smilansky(1968)則根據皮亞傑研究的發展理論將幼兒的遊戲分為功能遊戲、建構遊戲、扮演遊戲及有規則的遊戲；而在其研究中發現，建構遊戲在學前幼兒中相當普遍，而隨年齡增長，進展至扮演遊戲，最後是規則遊戲。Parten (1932)以四十二名兩歲至四歲的幼兒為對象進行研究，研究中界定了社會性

遊戲的範圍：社會行為，包括：平行遊戲、聯合遊戲、合作遊戲；非社會行為包括：無所事事行為、旁觀者行為及單獨遊戲。且其研究發現，幼兒從事之遊戲呈現階段性，三歲以下的幼兒多從事單獨行為或旁觀行為；但隨著年齡的增加，平行遊戲、聯合遊戲及合作遊戲有增加的趨勢。

　　由幼兒遊戲的特質一節描述中，可知幼兒遊戲的發展有一定的程序，Van Alstvne(1932)的研究亦發現年齡與遊戲的類型有關；潘慧玲（民國81）研究六十二位幼稚園大、中、小班幼童的遊戲行為發現，幼兒的生理年齡與心理年齡愈增長，所從事的遊戲形式亦愈成熟，而較不成熟之遊戲則與幼兒生理、心理年齡呈負相關。綜合各家學者的看法，依年齡的發展，將幼兒遊戲分成以下各期：

單獨遊戲

　　兩歲以前的幼兒，在發展上自我中心很強，所以在遊戲活動中，均以自我為基礎，既無意與其他幼兒玩耍，也不想接納其他友伴。此期的幼兒遊戲均為感官為主的感覺動作遊戲，可以一個人玩的很愉快，屬單獨遊戲時期。

平行遊戲

　　從兩歲到三歲的幼兒，已進入群體時期，然而其遊戲多為各玩各的，彼此間少有溝通，不喜歡與人合作，且遊戲的目的，往往僅為遊戲，並無競爭的意義存在，稱為平行遊戲。

聯合遊戲

從四歲到五歲，幼兒逐漸社會化，開始與周圍的玩伴談話，共同遊戲，唯人數以兩人或少數人為主，他們並無特殊組織，只是在一起作相同或類似的活動而已。三、四歲的幼兒乃是展現「象徵遊戲」之行為的顛峰期，故熱衷於模仿的遊戲，透過角色的扮演，模仿成人的語言和行為，五歲幼兒則更具社會化的戲劇性遊戲。

團體遊戲

五歲至六歲的幼兒，開始玩較為複雜的遊戲，且由無組織變為有組織的群體，例如，騎馬打仗，已能分成兩組展開活動；遊戲的結構，亦隨年齡的增加，漸漸分化。

合作遊戲

七至八歲的兒童，開始有分工合作的遊戲，而且每個參加份子都有一定的任務。十歲兒童的遊戲規則嚴明，大都屬於競爭的性質，從此兒童便產生合作與競爭等社會化行為。

幼兒遊戲的類型

上述幼兒遊戲分期（發展）中所敘述的各項發展的遊戲，稱為社會性遊戲，除此之外，尚有以下各項遊戲行為之類型(Johnson，1976；Johnson, Christie ＆ Yawkey，1987)：

認知性遊戲

- 功能遊戲：不論是否使用物品，從事簡單或重複性的肌肉動作或以固定方式玩某一物品，如跳、跑、追逐、將玩具小汽車在地上滾動均屬之。
- 建構遊戲：有目的地建構或製造物品，如用積木做某些東西、畫圖等。
- 想像遊戲：舉凡遊戲中有角色分配，不論是真實或想像均屬之。如扮家家酒，扮演爸爸、媽媽或嬰兒的角色。
- 規則遊戲：此類遊戲有其規則，而規則可能是幼兒自訂的或原本就已既定的，幼兒必須接受並遵守規則以從事此類遊戲。如玩跳棋、躲避球。

非遊戲型態

- 無所事事行為：東看西看，目光於四周環境，無特定目標，或毫無目的的在室內遊蕩。
- 旁觀行為：在旁觀看別人遊戲，自己並不參與遊戲。
- 非遊戲：如轉移性的活動（如結束某一活動過渡到另一活動）及讀書、著色、從事老師指定的工作等均屬非遊戲活動。

影響幼兒遊戲的發展因素

國內幼教學者王靜珠（民國73）認為，影響幼兒遊戲發展的因素有六點，將其歸納為個體因素及環境因素兩大類，分述如下：

個體因素

身體的健康狀況　體格健壯、精力旺盛的幼兒，遊戲時總是顯得興致勃勃，而採主動遊戲居多；相對地，體弱、精力不濟的幼兒，常缺乏遊戲的興趣，且參與時多處於被動地位。

動作的發展　動作協調的幼兒較動作緩慢的幼兒，更能順利的從事各種適合於其年齡階段的各種遊戲活動。如剪貼、穿珠子遊戲等都需要手指靈活的操作技巧。

性別　許多研究指出，學前的女童，從事較多的建構遊戲(Moore, Evertson & Brophy，1974；Rubin, Maioni & Hornung，1976)，男童則從事較多的功能遊戲(Freedman，1971；Rubin, Maioni & Hornung，1976)，亦即男孩所喜歡的遊戲，多是較活潑、劇烈、體力消耗多的遊戲，而女孩則傾向於文靜、柔和、不耗體力、細巧而富於模仿性的遊戲，遊戲上的性別差異情形，在學齡之前即已顯現。

智力　聰穎的幼兒活潑好動，較喜歡從事智巧的遊戲，且比較富有創造力、會設計複雜的遊戲、或扮演生動的角色。另外，智力較高的幼兒，其語文和抽象思考能力比較優越，

因此，較熱衷於科學的遊戲和閱讀的活動，中智力以下的幼兒則比較喜歡從事純用體力的活動，如追逐、摔角、捉迷藏等。

環境因素

家庭社經地位　家庭社經地位高的兒童，其遊戲的內容多、品質高，玩具也多，父母亦較能參與及指導。反之，社經地位低的家庭，兒童玩具少，缺乏變化，父母亦少參與，甚至常為了幫忙家計，而被剝奪了遊戲的機會。

生活環境　生活在大都市、鄉下亦或寒帶氣候、熱帶氣候環境的幼兒，隨著物理環境的限制，呈現不同的遊戲種類，如鄉下小孩，常玩釣青蛙、爬樹捕蟬、灌蟋蟀等遊戲；都市孩童則大都在家玩電動汽車、洋娃娃等；熱帶氣候，幼兒常嬉水，且室外活動較多；寒帶氣候則玩堆雪人、打雪仗遊戲，且室內活動居多。

玩具或教具　Rubin, et al.(1983)指出學習材料會影響遊戲的類型；Yawkey & Pellegrini(1984)更進一步說明不同的教具可產生不同的遊戲類型，社會價值高的教（玩）具（如娃娃、屋子、小車子）較能引發幼兒的合作性行為（引自Parten，1932）；可知玩具的種類對幼兒遊戲發展亦有所影響。

幼兒遊戲的輔導

Robison & Schwarty(1982)主張在幼兒教育的課程設計中，遊戲是具有重大價值的活動，被視為成功的學習活動，它能使孩童在活動中得到自我認識和自我肯定。由此可知，遊戲在幼兒教育中的重要，故如何輔導幼兒從遊戲中學習是每個父母與教師必須了解的。父母與教師在輔導幼兒遊戲時應有的態度如下：

對幼兒遊戲的悅納與尊重

給幼兒一個安全而接納的遊戲環境，幼兒可盡其所長，發揮潛能。因此，輔導者絕不可一味的禁止幼兒玩這個，玩那個，應允許幼兒從嘗試錯誤中學習。

認識幼兒遊戲發展過程

幼兒遊戲行為的發展有一定的程序，以及預期的發展模式，故必須了解其發展過程，以配合個體生長、發展的需要，提供適當的遊戲內容和方法，方可達寓教於樂之效。

以下提供四種輔導幼兒遊戲的方法，俾使幼兒在遊戲中發揮其豐富的潛能：

鼓勵幼兒多與同伴遊戲　如此可以培養社會行為發展，養成團結合作的精神，並須注意玩伴的選擇，以免學到不良習性。

提供各種遊戲與設備　在安全無慮的條件下，規劃理想的活動空間，經常變換遊戲場的佈置與活動，均可提供幼兒

多元的外在刺激，因此，國內學者潘慧玲（民國81）即建議幼稚園應當提供充分的空間與設備，供幼兒遊戲，父母或幼教老師更應提供不同的遊戲器材，鼓勵幼兒從事遊戲。

參與幼兒的遊戲　與幼兒共同遊戲，聆聽他滔滔不絕的問題，然後再運用周遭環境的刺激，增進他對生活的體認與智力的發展。

儘量採用無結構性的幼兒玩具　無結構性的玩具如砂石、積木等，幼兒在操作時可以自由重組、自由自在的發揮想像力，而不受固定模式的限制。

玩具在幼兒教育上的價值

對幼兒來說，可謂無所不拿，而無所不玩，因此「玩具」僅能以廣義定之：凡是被利用為遊戲對象的物體，皆可稱為玩具。因此，舉凡運動器材、樂器、空罐、洋娃娃、木塊等，皆為玩具。由於玩具美觀、好玩、種類多，一直為幼兒所喜愛，且百玩不厭，因此父母應提供足夠的玩具讓幼兒操弄，學習與探索。玩具在幼兒教育上具有如下的價值（黃志成、王麗美，民國83）：

可鍛鍊幼兒的各種感覺　玩具的種類很多，有可以用手去觸摸者、用耳去聆聽者、用眼去觀察者等，如此可鍛鍊幼兒的感覺。

可以培養幼兒的好奇心　幼兒對於各種新奇的、構造複雜的玩具，總想去探個究竟，如此可以培養其好奇心。

可以培養記憶力　有許多玩具，如七巧板、數字遊戲等，

幼兒在遊戲時，必須反覆練習、記憶，如此可培養記憶力。

可以培養想像力 在遊戲中，幼兒常將玩具想像成各種事物，如此可以培養其想像力。

可以培養美感 玩具的顏色很多，手工或模型都很好看，幼兒終日取之嬉戲，自然可培養美感。

可以培養注意力 幼兒在遊戲中，都表現得非常專注，聚精匯神，如此可以培養注意力。

選擇玩具的原則

幼兒玩具既然對幼兒有如此價值，故父母或輔導者在選擇玩具時，除考慮不同階段之需要外，尚須注意以下幾點一般原則（參考兪筱鈞，民國70）：

配合身心發展 選擇玩具應配合幼兒身心發展的需要，任何年齡組的幼兒，都應有最適合他們的玩具。

要經久耐用，構造簡單 幼兒動作、協調能力不是發展得很好，故常會弄壞玩具，構造複雜的玩具也容易弄壞，故應選擇經久耐用，構造簡單的玩具。

安全

- 注意玩具之大小及形狀：太小的玩具如彈珠容易吞進肚子，銳邊尖角的玩具易傷害幼兒，均應避免。
- 應注意玩具的材料：玩具材料應避免有危險性的（如玻璃），有毒的（如漆、銅），以易清洗者為佳（如橡皮、木頭等）。

應注意色彩與聲音　玩具的色彩以調和自然者為佳，聲音應求悅耳而不致發出雜音者。

　　應配合現實生活　幼兒玩具應配合其現實生活所需要及興趣者，始能發揮教育功能。

　　應選擇經濟實用的　幼兒玩具應選則實用而經濟者，昂貴的玩具並不一定有教育意義。

　　顧及個別差異　選擇玩具有性別、年齡、興趣上的差異，故應顧及幼兒的個別差異。

參考資料

王靜珠。《兒童發展與輔導》。台北：國立編譯館主編，正中書局印行。民國73年。

兪筱鈞。《發展性的嬰幼兒玩具》。自印，頁1～2。民國70年。

胡寶林、周結文。《音樂律動與身心平衡》，台北：遠流出版社。民國78年。

胡寶林。《立體造形與積極自我》。台北：遠流出版社。民國76年。

胡寶林。戲劇與行爲表現力。台北：遠流出版社。民國77年。

黃志成、王麗美。《兒童發展與輔導》。台北：頂淵文化事業有限公司印行。民國83年。

盧美貴。《兒童教育的理念與輔導》。師苑教育叢書。民國76年。

潘慧玲。〈我國兒童之遊戲行爲〉。師大學報，第37期，頁111～131。民國81年。

謝光進（譯）。《兒童遊戲》。台北：遠流出版社。民國75年。

Freedman, D.G. (1971) *The Development of social hierarchies.* Paper presented at the meeting of the World Health Organization on Society, Stress, and Disease: Childhood and Adolescence. Stockholm, Sweden.

Johnson, J.E. (1976) Relations of Divergent thinking and intelligence tests scores with social and nonsocial make-believe play of preschool children, *Child Development*, 47,1200-1203.

Johnson, J.E., Christie, J.F. & Yawkey, T.D. (1987) *Play and Early Childhood Development.* Glenview, Ill: Scott, Foresman and Company.

Moore, N.V., Evertson, C.M. & Brophy, J.E. (1974) Solitary play: Some functional reconsiderations. *Developmental Psychology,* 10,830-834.

Parten, M.B. (1932) Scoial participation among preschool children. *Journal of Abnoraml and Social Psychology,* 27,234-269.

Piaget, J. (1962) *Play dreams and imitation in childhood.* New York: Norton.

Robison, H.F. & Schwarty, S.L. (1982) *Curriculcum for Early Childhood.* Boston: Allyn and Bacon, Inc., 174.

Rubin, K.H., Fein, G. and Vandenberg, B. (1983) Play in P.H. Mussen(4th ed.) *Handbook of Child Psychology,* Vol.4, N.Y.: John Wiley, 693-774.

Rubin, K.H., Maioni, T.L., and Hornung, M. (1976) Free play behaviors in middle-and lower-class preschoolers: Parten and Piaget revised. *Child Development,* 47,414-419.

Smilansky, S. (1968) *The effects of sociodramatic play on disadvantaged preschool children*, New York: Wiley.

Vygotsky, L.S. (1967) Play and its role in the mental development of the child. *Social Psychology*, 12, 62-76.

Yawkey, T.D. & Pellegrini, A.D. (1984) *Child's play and play therapy*. Johnomic Publishers Inc.

第*11*章

• 社會行為的發展

社會行為的定義與重要性

　　人自出生即參與了社會生活，社會生活的特徵，是每一個人時常與別人發生關聯。而一個人與別人相處時所表現的行為，即為社會行為（王克先，民國64）。狹義而言，社會行為即指一個人與他人相處的外在行為表現。就廣義而言，當一個人與外界社會環境接觸時，除一方面影響別人，另一方面也同時受別人的影響，所產生的人與人之間在生理上或心理上的交互作用。

　　就幼兒的發展而言，其重要性可歸結以下三點（許惠欣，民國74）：

社會行為具有持續性，影響人格的發展

　　早期社會行為模式一旦形成，即習慣成自然，持續下去就形成人格特質的一部分。人的獨立或依賴，支配或順從，反抗或合作，友善或攻擊等，都決定於幼兒期社會行為發展社會化的程度。

社會態度的一致性

　　在每個年齡階段，人對社會活動的態度都是一致性的，尤其形成了刻板印象就不易改變。除非發現自己的社會態度不適當，成為不受歡迎的人，才會改善其社會行為與態度。

早期社會經驗決定未來社會參與及社會接納的程度

　　早期社會經驗若是快樂與滿足的，則往後有較良好的社會適應，有信心參與各種活動；反之，早期不愉快的社會經驗，會使人心灰氣餒，逃避退縮而自閉於象牙塔中。

　　由上述可知，幼兒社會行為發展的良好與否，不僅對其社會生活的適應非常重要，同時對他的情緒和人格發展，也有重大的影響。社會行為發展良好，其人際關係較為和諧，滿足需求的機會也較多，尤其是社會性的需求，如安全感與歸屬感。反之，幼兒若社會行為發展不成熟，往往在團體中不受歡迎，缺少友伴，造成人際關係的適應不良，以致產生社會適應問題。

幼兒社會行為發展過程與特徵

　　嬰幼兒期的每一年齡層，社會行為的發展都不相同，尤其隨著年齡的增長，幼兒的社會活動範圍逐漸擴大，從家庭、鄰居，到托兒所或幼稚園，社會行為也由被動、依賴，轉變成主動而自主。

嬰幼兒時期（出生至二歲）的發展階段

　　Muller(1978)綜合許多學者的研究，提出嬰幼兒時期社會化須經過三個階段：

　　物體焦點(object centered)期　嬰兒在二至六月時，雖也會互相注視，甚至觸摸對方，但他也以同樣的方式對待周圍其他的東西，他視他人如同無生命的物體，甚至更注意物

體。

　　簡單互動期　六至十一月的嬰兒常想動手觸摸對方，如同觸摸物體一般，但他顯然對「人」更有興趣了，他能跟隨對方的行動，以單純的動作或簡單的聲音來反應，且會互相微笑。

　　互補互動期　十至二十四個月的嬰兒已有簡單的角色互換(role complementarity)行為，會模仿、打人、搶玩具，甚至給別人玩具，也能表現出互惠或相互合作諸類的取予行為。

　　此期特徵與需求如下：（黃志成、王麗美，民國83）

- 自我中心：嬰幼兒時期自我中心強，並不關心別人的存在，需要成人予以個別的關懷。
- 富於模仿：模仿性強，許多成人或兒童的社會行為均為其模仿的範圍，故應給予良好的示範。
- 缺乏道德意識：嬰幼兒期的道德意識尚未形成，無分辨是非善惡的能力，是成人所應理解、包容的。

兒童早期（二至六歲）

　　兒童早期的社會行為係常由遊戲中互動的情形顯現出來，故又稱為「遊戲時期」。此期幼兒遊戲的對象，由原來的成人逐漸轉向同年齡的幼兒。依據Parten(1943)的研究，將學前遊戲互動分為以下五個階段：

　　無所事事期　此期幼兒似乎不是在遊戲，只是短暫性的看看、摸摸，若沒什麼有趣的事時，就玩弄自己的身體，在

椅子上坐立不安，或站起來跟著老師等等。

獨自玩耍期　此期幼兒獨玩玩具，未與他人發生任何有意義的關聯。

旁觀期　幼兒大部分時間在一旁看著他人玩，雖可能和正在玩耍的友伴說說話、問問題，或給意見，自己卻不參與該遊戲，如一旁觀者。

平行遊戲期　一群幼兒同在一處，甚至用同一工具，但卻玩自己的玩具，不與其他幼兒一起玩。

聯合遊戲期　幼兒能根據條約、規範一起遊戲，具實質的互動。

此五階段的發展特徵及需求如下（黃志成、王麗美，民國83）：

- 連合遊戲：玩伴已由成人轉向同齡幼兒，因組織力差，故玩伴少，良好玩伴的選擇是最重要的。
- 個性的發展：三歲以後的幼兒開始發展個性，成人在可能的範圍之內，不應給予太多的限制，使其個性得以發揮。
- 社會的認可：此期幼兒需要社會的認可，尤其是社會贊許，幼兒最先需要成人認可，其次要求友伴認可。

幼兒的社會行為模式

從幼兒期開始，逐漸由非社會的階段，轉入社會性的階段，社會行為的發展，也伴隨著不被讚許的「非社會行為」(unsocial behavior)出現。Hurlock(1978)將社會行為的模式劃分為社會行為模式及非社會行為模式兩種，分別敍述如下：

社會行為模式

合作(cooperation)　幼兒到四歲時才開始與他人有合作行為，與他人有愈多機會在一起做事，就愈能學習合作。

競爭(rivalry)　競爭行為是從三至四歲即開始，當這種競爭心理促使幼兒盡力去完成一件事時，能夠增強其社會化，然而若表現在吵鬧和打架上，則反而會導致不良的社會化。

社會讚許或贊同(social approval)　幼兒自五歲起即有此傾向，當被讚許的期望愈高，表現出社會期望的行為動機亦愈高，期待父母的贊同通常較同輩贊同出現的早。

同情心(sympathy)　自三歲開始即能對他人的傷心表示關心，他能試著幫助或安慰痛苦的人，以表示憐憫和同情。

同理心(empathy)　係站在他人的立場，設身處地為他人想；此種行為發展只有在幼兒能了解他人臉部表情及語言後才會出現。

依附行為(attachment behavior)　幼兒從小即由母親那兒發展出溫暖和愛的依附情感，進而藉由此學習與他人建立友誼。

模仿(imitation)　幼兒願意仿效社會行為良好的人，以及能為他人接受的行為。

非社會行為模式

反抗(negativism)　反抗是指對他人的壓迫顯現出唱反調的抗拒行為，出現在生命中的第二年，三到六歲時達到高峰。反抗常表現在當他被要求去做不願做的事時，發脾氣或出現言語上的拒絕。

攻擊(aggression)　攻擊是一種帶有敵意的實質威脅行動，常是受到他人激怒引起的，幼兒多是以身體或語言攻擊他人，以表達他的憤怒。

自我中心(ego centrism)　幾乎所有幼兒所想的、所說的都有自我中心傾向，自我中心的特質是否增強或減弱，須視幼兒受歡迎的程度而定。

偏見(prejudice)　當幼兒了解到一個人的表現和行為與自己不同，或是這些行為常被認為是次等的，均會造成幼兒的偏見，對幼兒而言，區分這些差別是不容易的。

影響社會行爲發展的因素

在幼兒社會行爲發展過程中，有許多因素影響著社會經驗，分述如下：

個體因素

智力 智力高的幼兒，一般在社會適應的能力方面也較強（黃志成、王麗美，民國83）。

健康與性格 一個發展良好的幼兒，比營養不良的幼兒富有活力，常表現積極的社會行爲。如果幼兒的體格瘦小或有缺陷，往往成爲其他幼兒訕笑的對象，而產生自卑感，有退縮的行爲表現（王馨生，民國66）。

人格特質 性格外向的幼兒容易主動與他人交往，會表現出受人歡迎的行爲。有的幼兒生性內向，膽小又愛哭，以致令人厭煩，爲友伴排斥而成爲孤立者。因此，幼兒如果具有受人歡迎的人格特質，在團體中容易被人接受與重視，其社會適應也較良好。反之，在團體中遭人拒絕或孤立的幼兒，其社會適應就有困難（許惠欣，民國74）。

社會技巧 社會技巧包括語言和非語言兩部分，幼兒若有良好的社會技巧，則容易很快的進入團體與他人相處，在問候、禮讓、分享、合作等行爲技巧表現上，使幼兒很快的交到朋友（黃信仁，民國74）。

家庭因素

家庭關係　構成家庭單位的成員，可分為夫婦、親子、父母、手足四種關係，此四種關係對幼兒的社會行為均會有所影響。如果家庭氣氛溫暖，則一家和樂融融，幼兒易培養友善、同情心與合作的社會化行為，反之，如果家庭氣氛冷淡，彼此間形同陌路，則幼兒易發展攻擊、敵意與冷陌等非社會化行為。

父母的期望　父母的期望可以激發幼兒扮演符合社會模式，為社會所接納的角色，並對他人產生良好的社會態度（許惠欣，民國74）。

父母的行為　幼兒多以父母為其模仿與認同的對象，所以父母的行為如果是子女的好模範，並且能夠以身作則，言行一致，則子女容易發展良好的社會化行為；反之，有的父親有意管教，而母親則寵愛放任，呈現不一致的教養態度，凡此種種皆易使子女發展非社會性或反社會性的行為（王馨生，民國66）。

學校因素

教師或保育員的態度與輔導方法　教師或保育員以民主的教育方式教導幼兒，幼兒容易建立自信心，較有自主性，嚴格或專制的教育方式則否。此外，教師之人格、情緒發展良好，對幼兒之親和力高，給幼兒良好的示範等，均有利於幼兒之社會行為發展。

同儕的相處　幼兒在托兒所或幼稚園是否與友伴相處愉快，友伴的關係如何等，都對幼兒的互助、友愛等社會行為

發展十分有益（許惠欣，民國74）。

　　學校的環境　學校的遊戲設備應充裕開闊，有足夠的空間讓幼兒玩成一片，增進彼此互助的機會，可以促進幼兒行為正常發展（郭孝貞，民國77）。

社會因素

　　社會活動的機會與經驗　幼兒生活環境是否有玩伴，是否有機會接觸不同的成人或較大的兒童，均會影響幼兒的社會化。有的幼兒社會活動機會很多，因而學會了很多待人接物的行為。從社會接觸中所建立的人際關係，足以增進幼兒的社會經驗，因此，幼兒早期是否有愉快的社會經驗，足以影響幼兒社會行為的發展（王馨生，民國66）。

　　大眾傳播的影響　電視、電影、看版海報、圖書等多以成人宣傳的觀點，傳播給大眾，幼兒生活在成人社會中，直接或間接都會感染到其所傳達的正負向訊息，對幼兒社會化的學習可謂影響很大。此外，兒童節目、兒童讀物等多是儘量以兒童的眼光來傳達教育性的資訊，然仍有不當的模式，影響幼兒的學習或身心發展，值得重視並加以防範。若大眾傳播常常教導幼兒如何作一個人人喜愛、接納的孩子，則更能增長幼兒的社會化（許惠欣，民國74）。

社會行爲的輔導

由以上幼兒社會行爲影響因素的分析中，可知欲發展幼兒良好的社會行爲，必須從家庭與學校教育雙管齊下，尤重日常生活的教育與良好的示範，茲分述輔導方法如下：

成人的示範 培養幼兒良好社會行爲最有效的方法，是使其由實際生活中深切體認，因此成人實際行動的示範最爲重要，父母或學校教師能在日常生活中隨時表現互助、關愛、合作的社會行爲，幼兒自然能加以學習及模仿。

滿足幼兒對友伴的需要 人是群居的動物，自嬰幼兒時期起，即應讓幼兒有同齡的玩伴，使其在群居的生活中，學習與友伴相處，發展良好的社會行爲。

和諧的家庭關係 包括親子間的愛以及和睦的手足之情，唯有在美滿的家庭氣氛中成長，才能培養善良、有愛心的幼兒，而有助其社會行爲的發展。

人性化的學校教育 托兒所或幼稚園要實施愛的教育，避免在學前教育中做過多的競爭活動，或給予幼兒太多的壓力，應使其活潑快樂的生活，培養良好的情緒與健全的人格，並於活動中鼓勵幼兒合作的行爲，以訓練其發展良好的社會行爲。

友伴對社會行爲發展的影響

　　從一九三○年代以來，兒童心理學家一直認爲二歲以前的嬰幼兒沒有友誼的概念，所以他們彼此間也無所謂相處的情感交流存在，但一九七○年代以後，由於一些身爲父母的心理學家的質疑，才重新對兩歲以前的友伴關係重加評估(Vandell，1978；Vandell ＆ Mueller，1980)。事實上，Hurlock在一九六八年即提出：幼兒在出生二、三個月間即開始顯出對人有興趣，在第四、五個月間會期望有人抱他，與他說話，並且開始能接納其他幼兒，更會爲吸引其他幼兒而表現出微笑、雙腳亂踢或跳上跳下等行爲。到了六、七個月會分辨朋友及陌生人，並對之作不同的反應。由Hurlock的研究發現可知，人類自嬰兒時期即開始與友伴產生互動關係，到了幼兒時期，在其社會化過程中，「友伴關係」更扮演了重要的角色。心理學家哈羅(Harlow)早年研究猴子的行爲時發現，如果小猴子從小只和父母在一起，沒有任何玩伴，則這些小猴子長大後會發展不正常的社會行爲(Suomi ＆ Harlow，1975)。由此可知，父母與友伴對幼兒的發展是同等重要。幸曼玲（民國82）亦提出友伴對幼兒具有正向的功能，其分別從增強者與被模仿者的角色加以說明：友伴是增強者(peers as reinforicing agents)，對幼兒的行爲表現扮演著增強作用執行者的角色；友伴是被模仿的對象(peers as social models)，日常生活中各種社會行爲、道德判斷、性別角色的行爲，幼兒均極易自友伴處學得。

綜合上述各學者對友伴的看法，歸結出以下五點友伴對幼兒社會行為發展的重要影響：

學習如何結交朋友　幼兒與幼兒間，由不認識到認識，由認識到玩得愉快，在這一短暫的過程中，讓幼兒學到交朋友的方法。

學習對友伴應有的態度與禮節　幼兒間的相處，如態度和藹、溫文有禮，必受人歡迎；如果態度蠻橫，對人無禮，自然沒人願與其為友。

學習與友伴相處的社會技巧　幼兒與人相處，若缺乏社會技巧，可能會交不到朋友、被孤立、被拒絕。相反的，若懂得社會技巧，必得人緣，而社會技巧的學習，可以在友伴相處中自然習得。

培養團結互助的團隊精神　友伴相處，貴在團結互助，如此可以得到許多友誼，表現出團隊精神，被孤立的幼兒，將體會到團結互助的可貴。

益友損友的影響　幼兒如結交到益友，基於模仿與學習，自然習得良好的社會行為。反之，如結交損友，必學得各種反社會行為。

幼兒的利社會行為

利社會行為(prosocial　behavior)，亦稱為利他行為(altrustic　behaviors)。Shaffer(1979)從行為的動機及行為的結果來下定義，動機論強調利他行為的理由純以關心為出發點，而不是為了某種回報而做此行為；行為結果論則不管

行為者的動機如何，只要是提供他人幫助的行為，就是利他行為。因幼兒心思較為單純，且不易了解行為的動機，大多數學者仍偏向從行為本身來定義利社會行為（李昭玲，民國75）。簡而言之，這類行為包括幫助別人(helping)、安慰別人(comfroting)、救助別人(rescuing)、保護別人(defendng)，與他人分享(sharing)和與他人合作(coorperating)等等。譬如說，幼兒願意將自己的糖果分給別人吃，把自己的玩具借給別人玩及安慰別的小朋友等等，都是利社會行為的表現。

　　研究結果顯示，個體在幼兒時期就會有利社會行為的表現，且隨著年齡的上升，個體也愈來愈會表現出幫助別人，與別人分享等行為(Green & Schneider，1974；Maccoby，1980)。幼兒利社會行為形成的原因，可歸結為父母的教養方式及利社會行為的訓練兩方面，以下分別說明：

父母的教養方式

　　家庭中父母的行為是幼兒主要的模仿對象，除了父母本身所表現出來的行為外，父母對行為的解釋方式，也會影響到幼兒利社會行為的發展。若對幼兒行為不作任何解釋或僅一味地禁止，反而容易引起幼兒的反感，可能做出更不利於社會的行為。

利社會行為的訓練

　　雖然個體在幼兒時期會表現利社會行為，但其出現的頻率並不一致，可透過訓練的方式來增強其發生的頻率，使利他行為得以持續表現。亦即，常對幼兒利社會行為的表現加以誇讚，或利用圖片中的情境教導幼兒，並適時機會教育，

使其在日常生活中模擬練習，而予內化爲日常生活的行爲。

　　由上述可見，欲使幼兒能夠主動地在日常生活中表現利社會行爲，必須包括兩個步驟（幸曼玲，民國82）：

- 以訓練的方式，讓幼兒學習到利社會行爲的表現技巧。
- 提供眞實的情境，使幼兒有機會表現這類行爲。

參考資料

王克先。《發展心理學新論》（三版）。台北：正中書局出
　　版。民國64年。

王馨生。《兒童心理學》。台北：台灣書店印行。民國66年。

李昭玲。〈學前兒童利社會行為的觀察研究〉。師大家政研
　　究所碩士論文。民國75年。

幸曼玲。《發展心理學》：賴保禎等編著。台北：國立空中
　　大學印行。民國82年。

許惠欣。《幼兒發展與輔導》。台南：台南市立光華女子中
　　學印行。民國74年。

黃志成、王麗美。《兒童發展與輔導》。台北：頂淵文化事
　　業有限公司印行。民國83年。

黃信仁。〈社會技巧訓練對國小兒童社會關係之影響〉。文
　　化大學兒童福利研究所碩士論文。民國74年。

郭孝貞。〈父母婚姻關係、親子關係與其幼兒社會行為之相
　　關研究──以托兒所幼兒為調查對象〉。文化大學兒童
　　福利研究所碩士論文。民國77年。

Green, E.P. & Schnider, F.W. (1974)　"Age defferen-
　　ces in the behavior of boys on measures of altru-
　　ism." *Child Development*. 45,248-251.

Hurlock, E.B. (1978)　*Child Development*, 6Ed. N.Y.:
　　McGraw-Hill Inc.

Maccoby, E.E. (1980)　*Social Development: Psycholog-*

ical growth and parentchild relationship. New York: Hareourt Brace Jovanavich Publichers.

Parten, M.B. (1943)   Social play among preschool children. *Journal of Abnorm Psychology,* 16.

Shaffer, D.R. (1979)   Social and Personality Development. Monterey, Calif.: Brooks/cole.

Suomi, S.J. and Harlow, H.F. (1975)   "The role and reason of peer relationship in rhesus monkeys". In M. Lewis and L.A. Rosenblum(Eds.), *Friendship and peer relations.* New York: Wiley.

第*12*章

道德行爲發展

◎ 道德行爲的定義及其重要性
◎ 道德行爲的發展
◎ 影響幼兒道德發展的因素
◎ 道德行爲的輔導
◎ 參考資料

道德行為的定義及其重要性

英文中的moral是源於拉丁文的mores和mos翻譯而來，mores為通行的習俗，mos為品行的意義，此兩涵義，與中文「道德」的意義實相謀合。而所謂道德，蘇清守（民國61）認為道德一詞含蘊著行為規範的理論與實踐；單文經（民國69）則界定為知善行善與知善去惡的活動或氣質之增長精進的歷程。在我國國民小學與倫理教材中編有以合作、服務、信實……等多項的「基本道德」項目，皆屬於道德的內涵。簡言之，道德行為(moral behavior)係指符合社會規範的行為，如助人、誠實、仁慈等，相反的，不道德行為則指不符合社會所期望的行為，如欺騙、鬥毆等。當兒童表現不道德行為時，應視其身心發展給予必要的輔導。

道德行為的發展

道德行為和幼兒其他各方面的發展一樣，具有連續性、不可分割的過程，而且是逐漸發展而來。為便於研究，心理學家通常將道德發展分為幾個時期加以討論；在研究道德發展的學者中，以皮亞傑及柯爾堡(Kohlberg)最具系統，以下即分別介紹此兩位心理學家的理論：

皮亞傑的認知發展理論

　　皮亞傑採用科學方法以認知發展的觀點來解釋道德發展。更精確地說，他是研究兒童道德判斷發展的心理學家。他在一九三二年出版的《兒童道德的判斷》(*The Moral Judgement of the Child*)是發展心理學研究兒童道德發展的里程碑。皮氏的道德認知論認爲道德表現於對是非的判斷，判斷需要智能，智能是隨年齡增長的，故道德也是隨年齡與智力並行發展的。

　　皮氏的道德發展分爲三期，其以爲人在日常生活的一舉一動要合乎道德的要求，正如人的思考與推理須合乎邏輯。幼兒自出生後，並不具有道德判斷的能力，而是經過「無律」、「他律」、「自律」的階段，道德判斷始具備。

　　無律階段　亦爲前道德判斷階段，約從出生到四歲的幼兒。此時幼兒處於前運算思維時期，對問題的考慮都還是自我中心的，缺乏服從規則的意識，規則對幼兒而言，都是似有似無，似懂非懂，故此時期的幼兒行爲可說是無規範的活動，既不是道德的，也不是非道德的，而是無法從道德的觀點來評價幼兒的行爲。

　　他律階段　又稱道德實在論階段，約從四至八歲。此期幼兒逐漸意識到一些行爲規範，認爲應該忠實地服從這些規則，如果逾越就是「壞孩子」。此期的道德思維階段，具有下列幾個特點（李丹，民國78）：幼兒認爲規則是萬能的，不變的，不理解這些規則是由人們自己創造的；幼兒在評定行爲是非時，總是抱極端的態度，或者是好的，否則便是壞

的;行爲的好壞根據後果的大小,而不是根據主觀動機來判斷。例如,一幼兒不小心打破杯子,和另一幼兒因偷吃東西打破杯子,被視同「一樣壞」的行爲;將懲罰看作是天意,例如,對幼兒來說,有個小男孩偷了糖跑出去被車撞了,問幼兒:「汽車爲什麼會撞小孩子?」幼兒的回答是:「因爲他偷了糖」。

自律階段 又稱道德主觀主義階段。大約在八至十二歲。具有以下幾個特點(李丹,民國78):兒童已意識到規則是由人們根據相互間的協調而創造,因而可依照人們的願望加以改變;兒童對行爲的判斷建立在行爲的意圖和行爲的後果上。例如前例,兒童已能分辨不小心打破杯子和因偷吃東西打破杯子的行爲是不一樣的;提出的懲罰意見與所犯的錯誤更加貼切。例如,一個女孩不打掃庭院,擅自去看電影,應如何懲罰?此期兒童已能提出:罰此女孩兩週不準看電影,叫他去掃地、擦窗子。

綜論之,皮亞傑認爲兒童的道德發展是從他律道德向自律道德轉化的過程,所謂他律道德是根據外在的規範作判斷,只注重言行的結果,而不考慮行爲的動機,其是非標準取決於是否服從成人的命令;進入自律階段,兒童則開始認識一切道德規範,且自身已具有主觀的價值標準,已能用公平、不公平來判斷是非,不再是一切以權威爲依歸。當前兒童道德教育的理想目標是積極性的道德認知及價值判斷與選擇能力的培養,故道德教育的目的應在積極的發展自律的道德理性,以使每一位兒童都能屹立在自己的崗位上作獨立的道德判斷。

柯爾堡的道德發展階段

　　柯爾堡是皮亞傑道德認知發展理論的追隨者，他採用皮亞傑的晤談材料和技術，以七十二個十至十六歲的青少年為研究樣本，進行道德發展的研究，柯爾堡運用一系列兩難推理故事來測驗兒童的道德發展，其中最典型的是海因茲偷藥的故事：

> 　　歐洲有個婦人患了癌症，生命垂危。醫生認為只有一種藥才能夠治她，就是本城一個藥劑師最早發明的鐳。但製造這種藥要花很多錢，藥劑師索價要高出成本二百元的十倍，也就是要二千元。病婦的丈夫海因茲到處向人借錢，一共才借得一千元，足夠醫藥費的一半。海因茲不得已，只好告訴藥劑師，他的妻子快要死了，請求藥劑師便宜一點賣給他，或者允許他賒欠。但藥劑師說：「不成！我發明此藥就是為了賺錢。」海因茲走投無路竟橇開商店的門，為妻子偷來了藥。

　　測驗者講完這個故事，就向被測者提出一系列的問題：這個丈夫應該這樣做嗎？為什麼應該或不應該？法官該不該判他的罪，為什麼？柯爾堡對這些問題所關心的答案，並不是受測者回答的「是」、「不是」或「應該」、「不應該」，而是回答中的推理，以了解兒童是如何做道德的推理。

　　柯爾堡推演出三個層次六個發展階段，每一階段的發展視兒童道德判斷的成熟層次而定，此三層次六階段如下(Kohlberg，1964，1969)：

道德成規前期(preconventional level) 大約出現在學前幼稚園及小學低中年級階段。此一時期的特徵是,幼兒們遵守規範,但尚未形成自己的主見。此時期又分兩個階段:

- 第一階段重懲罰與服從:處於此階段的幼兒認為規則是由權威制定的,必須無條件的服從。尚缺乏是非善惡觀念,只因為了避免懲罰而服從規範,若違背規範則理應受罰,且行為的好壞是依行為的結果來評定,而不考量其動機與過程,如:柯爾堡的測驗發現有些兒童認為海因茲偷藥是不對的,因為「偷藥會受到懲罰」。
- 第二階段重手段和互惠:又可稱為「相對論者的快樂主義」,兒童不再把規則看成是絕對的,固定不變的東西,已意識到任何問題都是多方面的,但都是以滿足自我為主,如海因茲可以認為他偷藥是對的,而藥劑師也可以認為那是錯的。此期兒童偶而也會滿足別人,但只限於一種互惠性的人際關係。柯爾堡認為大多數九歲以下的兒童和許多青少年罪犯、成人罪犯,在道德認知上都只停留在第一階段的水準(李丹,民國78)。

道德成規前期(conventional level) 大約出現在小學中年級以上,一直到青年、成年。此期之特徵是個人由了解和認識團體規範,進而接受、支持並實踐規範;亦即,此時已能知法守法,表現合於社會規範,順從社會期望的行為。因本期已超出幼兒期的範圍,僅略述本期之兩階段於後:

- 第一階段重和諧與順從：個人行爲表現出善意，並會符合他人的期望。
- 第二階段重制度與權威：個人具有盡責、尊重權威和爲道德制度及秩序普遍維護的導向。

道德成規後期(post conventional level) 又稱「道德自律期」。此期至少在靑少年人格成熟後，才有可能達到，且只有極少數的成人達到此境界。特徵是個人思想行爲發展到超越現實道德規範的約束，達到完全獨立自律的境界，能根據自己內在的標準來判斷行爲，又分兩個階段：

- 第一階段重公約與法理：此期兒童認爲應以民主方式決定衆人之意見來改善衝突，並重視一切法律規章制定過程的合理性。
- 第二階段重普遍倫理道德原則：此期兒童認爲只要是正當的事，都可付諸實踐，並對人類的生命、平等和尊敬具有至高的評價。

由柯爾堡的道德認知發展程序來看，其實是皮亞傑理論的補充和衍伸，並且與皮亞傑所提之智能發展程序相吻合。

影響幼兒道德發展的因素

　　許多教育學者，自各方面探討道德發展的影響因素，林月琴（民國75）從年齡及家庭社經背景二因素加以探討；單文經（民國69）就家庭影響因素和道德判斷發展間的關係進行研究；林瑞容（民國65）發現社經地位、智力、父母管教態度是影響道德行為發展的因素；蔡淑桂（民國80）則認為年齡與智力二因素是影響的主因。根據上述學者的研究發現，筆者歸納以下幾個影響幼兒道德行為發展的因素：

認知因素

　　Piaget(1932)認為兒童道德推理的發展與兒童認知能力的發展存在著互相對應、平行發展的關係，例如，智能不足的兒童，因認知發展遲緩，致其道德行為往往停留在無律或他律階段，無法發展到自律階段。亦即，兒童要表現道德行為，必須能對此行為有所認知，易言之，兒童要習得道德觀念，具有判斷能力才能合理表現出，這都與認知有關。

情緒因素

　　情緒對幼兒行為的影響很大，有許多道德行為均是一時衝動所引起；若幼兒情緒穩定，在行為前即能仔細思考事情的對與錯，而擇優行之，不致做出不道德行為。

社會經驗因素

Piaget(1932)認為兒童要獲得道德認知的發展，必須先擺脫自我中心的性格，而最重要的途徑是與同伴發生相互作用。因為在與同伴的交往中，可以從經驗中習得那些行為是可行的，會被鼓勵的，那些行為是不可行，可能被責罰的；同時，在與同伴交往中，兒童開始擺脫權威的束縛，互相尊重，共同合作，發展了正義感，由此可建立正確的道德行為。

教育因素

不論是家庭教育，或學校（幼稚園）教育，均對幼兒道德觀念的影響匪淺，幼兒所接受的教育愈多，愈能培養道德觀念。反之，缺乏教養的幼兒，根本分不出是非善惡，而常做一些自以為是的不道德行為。但柯爾堡強調幼兒的道德教育絕不是進行道德灌輸，而應是按照道德發展的規律刺激兒童自己思考，以促使幼兒發自內心的認知到行為的好壞（李丹，民國78）。

家庭因素

單文經（民國69）以所有家庭可能造成的影響因素，如父母教養方式、家庭社經地位、家庭的大小及家庭排行次序等，對道德行為的影響進行研究，結果發現父母的教養方式最為重要。一個道德高尚的家庭，父母言行、風範、道德行為，讓子女耳濡目染，子女在此家庭長期薰陶下，當然能促其道德有良好的發展。

道德行爲的輔導

不論是父母或教師對幼兒道德行爲進行輔導時，應遵從以下幾個原則（李丹，民國78）：

了解幼兒道德認知發展的水準；提高通常稍高於幼兒已達到的發展水準的思維模式，使之與現有的水準加以比較，引起衝突；幫助幼兒體會衝突，使他意識到採用下一階段的判斷更爲合理；培養幼兒對各種問題進行道德方面的判斷及提出問題的能力；把即將繼起的道德階段作爲道德教育的目標。

以下分別就家庭、學校及社會三方面教育場所，說明其應有的輔導方式：

家庭方面

- 賞罰分明：對幼兒正向道德行爲多給予鼓勵，而指正其不道德行爲。
- 培養良好的待人態度：父母應從小教導幼兒各種待人處事的規則，並應以身作則，給幼兒最好的示範。
- 安排規律的日常生活：從規律的生活中，培養幼兒正規的行爲與思想。

學校方面

- 道德原則的教學：激發幼兒自身的能力，使道德觀念內化而非一時的灌輸道德教條。
- 道德實踐的教學：讓幼兒有身體力行的機會，以實踐內省的道德規範。
- 道德規範的指導：指導幼兒道德規範，除積極的正向的指導外，亦要注意防止幼兒學習不道德的觀念。

社會方面

- 樹立善良的社會風氣：端正社會風氣，足以建立正確的價值觀和道德規範。
- 提倡正當的康樂活動：適當的休閒活動，可使幼兒從小培養正當娛樂的觀念和行為，以免以後涉足不良場所，養成不良習慣，做出不道德行為。
- 積極推展親職教育：家庭是一切的根本，有良好道德的父母，方能教育出道德行為健全發展的下一代，因此推行親職教育，教導父母教育子女的方法為當務之急。

參考資料

李丹。《兒童發展》。台北：五南圖書公司。民國78年。

林月琴。〈我國幼兒道德行為表現之研究〉。教育研究所集刊，第29輯，頁103～120。民國75年。

單文經。〈道德判斷發展與家庭影響因素之關係〉。教育研究所集刊，第23輯，頁237～244。民國69年。

蔡淑桂。〈國小資優學生高層次認知能力、道德判斷與道德行為之間的相關研究〉。師大特教研究所碩士論文。民國80年。

蘇淸守。〈我國學童道德判斷之研究〉。教育研究所集刊，第14輯，頁271～286。民國61年。

Kdohlberg, L. (1964) "Essays on moral Development." *The Psychology of Moral Development.* Vol. 2, New York: Harper and Row.

Piaget, J. (1932) *The Moral Judgement of the Child.*

第*13*章

人格發展及特徵

◎ 人格的意義及特徵

◎ 人格發展的兩個主要理論

◎ 影響幼兒人格發展的因素

◎ 人格發展的輔導

◎ 自我概念（self-concept）

◎ 參考資料

人格的意義的特徵

　　人格是什麼？這個問題也許是所有心理學中最複雜的問題之一了。「人格」(personality)一字，源自希臘字Persona，它的原意是面具(mask)。古代戲劇，演員帶面具以扮演各種角色，帶什麼樣的面具就演什麼樣的角色，將它引用為「人格」，意指一個人的「內在自我」(inneself)的「對外表現」(outward expression)（余昭，民國78）。這個內在自我支配著一個人扮演各種角色時的言、行、舉動、神情與姿態等個人特有的模式。

　　人格一詞衆說紛紜，無一而終，Hjelle & Ziegler(1981)曾針對各個學者定義的基本要點加以分析，而將人格歸為三種類型；把人格假定為一種內在的結構與組織；強調個別差異的重要性，人格就是人的特色；以生活發展史來界定人格，強調內部及外部環境、遺傳等影響的改變過程。

　　各家學說中，可見我國心理學家張春興（民國72）教授對人格的定義較具綜合性，其定義為：「人格是個人在對人對己對事物乃至對整個環境適應時所顯示的獨特個性，此獨特個性係由個人在其遺傳、環境、成熟、學習等因素交互作用下，表現於身心各方面的特徵所組成，而該等特徵又具相當的統整性與持久性。」由此定義，可發現人格具有下列四項特徵：

　　複雜性　人格是身心兩方面特徵的綜合，所有特徵如體格、智力、情緒、態度、技能等都是組成人格的重要成分，

且相互間具有密切關係，可謂牽一髮而動全身。

獨特性　在芸芸眾生之中，每個人的天賦不同，遭遇不同，遂成各色人等。張三為張三，李四為李四，各有其獨特人格。

持續性　通常，我們可以由兒童期的人格推斷他成人後的性格，也可從成人的人格推斷他童年的性格；人格的形成，隨年齡而日趨穩定。人格的持續性，並不表示人格一成不變，正因為人格可以改變，人格教育才有其真正價值。

一般性　個人在不同時間或不同空間裡，行為雖然不同，但能相互協調，保持人格完整而不自我衝突。

人格發展的兩個主要理論

初期的理論都認為人格表現於行為上的不同係來自於環境刺激和生活上經驗的不同所致，惟嬰兒在第一年中已能發展出行為和反應的獨特方式，使得許多學者，對這種現象感到好奇，因此建立各種理論以解釋人格發展的過程和原因。其中最具影響力的理論由佛洛依德(Freud，1949)和艾力克森(Erikson，1963)所提出。

佛洛依德的性心理理論

佛洛依德所創始的精神分析學派號稱心理學上的第二大勢力，又因其是從精神病臨床工作者發展出來的思想體系，所以又稱為古典精神分析人格理論；再者，佛氏特別強調性本能（即一般書中所謂的性原慾或稱力必多，Libido），認

為人格的各個方面都起源於生物的性本能所推動，故其理論亦可稱之為性心理理論(The Psychosexual Theory)。佛氏學說在其發展過程中，經常受到外界的批評，同時，其理論亦被其兩個弟子加以修正——阿德勒(Adler)提出「個人心理學」，榮格(Jung)提出「分析心理學」。更甚者，杭爾尼(Horney)與艾力克森由社會文化的角度對佛洛依德的學說做了原則性的修正，即所謂的新佛洛依德學派。

佛洛依德的人格結構：佛洛依德認為人格結構有三個組成部分：「本我」(id)、「自我」(ego)、及「超我」又稱超越自我(superego)；雖然這三個人格結構有其各自的功能、性質、成分、運用原則、動力以及機能作用，但其彼此密切的相互牽制，相互影響，一個人的行為通常均係這三個系統間相互作用下的產物。

「本我」　為個人與生俱來的一種人格原始基礎，即遺傳下來的本能。本我是沒有價值觀，倫理和邏輯的，只包括一些本能性的衝動與滿足，係受「享樂原則」(pleasure principle)的支配，其行為動機純在追求生物性需要的滿足與避免痛苦。依佛氏的看法，本我在性質上純係潛意識的，個人並不自知。

本我是個體發生史上最古老的，初生嬰兒其人格之構成成分，只含有本我部分，純粹由生物性的衝動——餓、渴、冷、暖的需要、睡眠的需要等——驅使他的活動。自我和超我都源自本我，而且是從本我分化出來的，它同時供給這兩個系統——自我和超我——一起作用所需的一切力量。

「自我」　自我乃人格的核心，是人格的執行者，且是

人格中有組織、合理、現實取向的系統，使個體能適度的調適自己的行為以適應環境。嬰兒由初始的本我人格，逐漸長大，與社會接觸，學習社會化，而能調節外界與本我間的關係，一方面管制本我的原始衝動，使本我適應外界的要求，另一方面卻又要協助本我使其需要得以滿足，這就是「自我」，完全受「現實原則」(reality principle)所支配。

簡言之，自我的形成使一個人能實際的、合理的、真正的滿足自己的需要，例如，當饑餓時，自我尋找食物；當性慾衝動時，自我尋找適當的配偶；當口渴時，自我去找水，自我依據實際的活動過程發現適當的對象。

「超我」　如果人格只有本我和自我，那麼人只具有享樂主義和現實主義，但是，人格中還有第三部分，即超我。超我的出現，使人格變得更複雜了。超我是人格中的道德成分，即「良心」或「良知」的部分，余昭（民國78）稱其為道義原則（morality principle）（佛洛依德並無這樣的定稱），它代表理想，力求完善而不求取快樂，主要的任務是決定事物的是非、善惡，從而依據社會的道德標準而有所為或有所不為，其對本我或自我有檢察的功能。

佛洛依德在人格中加入超我，是因為他在進行精神分析時，發現許多病人都表示為違背良心而內疚，有一種強烈的犯罪感，可見「超我」是我們內心中行為道義方面的仲裁者，受外部環境的規範。超我是後天學習而建立的，幼兒依循父母所規定的行為規範行事，做錯事受懲罰，做對了受獎勵，因此父母親的道德教育便由幼兒納入各自的良心之中，幼兒的言行，一旦不符合自己的良知，便會有罪疚感，遂發

展成超我系統。

本我、自我、超我，彼此交互作用，構成人格的整體。自我介於本我與超我之間，成爲人格的核心，它調節本我的需要，抑制不能爲超我所接受的衝動，並解決本我與超我之間的衝突。超我的主要功能在管制本我的衝動，特別是不被社會所接受的性衝動以及破懷性的衝動，並引導自我走向合乎社會規範與道德標準。由此可知，超我在約束本我與自我。

就人格發展而言，本我、自我、超我是人格發展的三個階段。初生嬰兒，其人格構成全屬本我，他只求生物性的需要與滿足。嬰兒漸長，至三歲左右，由於動作與語言能力的發展，以及與實際環境接觸的經驗，遂從本我中分出自我。一方面強烈的自我意識開始萌芽，一方面也覺得本我的需求有自我節制的必要。至於超我的形成，是兒童或青年期長期接受教育的結果，這種教育包括父母的教誨，師長教導與社會風俗習慣的陶冶。

佛洛依德的人格發展

佛洛依德認爲，每個幼兒都要經歷幾個先後有序的發展階段，而且幼兒在這些階段中獲得的經驗決定了他的成年人格特徵。事實上，成年人格在生命的第三年就已形成（譚直敏譯，民國78）。佛洛依德認爲人格發展的階段包括以下五個時期：

口腔期(oral stage)　初生到周歲的嬰兒，以口腔一帶的活動爲主，嬰兒從吸吮、吞嚥、咀嚼等口腔活動獲得快感。此期嬰兒口腔活動若得到過多或過少的滿足，都將造成固著

現象，而產生口腔性格，如悲觀、依賴、被動、退縮、仇視等性格（當然對於這種「口腔」性格，另有其他非佛氏的解釋，例如，抽煙可能是在青少年時覺得抽煙能顯示其成熟世故，而非幼年時口腔期固著造成）。赫根漢又分其爲以下二階段（譚直敏譯，民國78）：

- 前口腔期（出生至八個月）：快感主要來自於口部的吸吮吞嚥，若此時發生停滯或得不到充分滿足的幼兒，長大後會有大量的口部活動習慣，如貪吃、酗酒、抽煙等。
- 後口腔期（八個月至一歲）：幼兒的活動主要集中在牙、牙齦和咽部，快感主要來自於咬、吞嚥活動，若未獲滿足則可能產生咬手指甲的習慣，或具有口唇施虐狂的特徵，如諷刺、冷嘲熱諷和指責等。

肛門期(anal stage) 從一歲至三歲左右的幼兒，對肛門糞便的存留與排泄，均感到愉快與滿足，惟此時恰是父母訓練幼兒控制自己排便習慣的時期，若父母對幼兒大小便訓練過於嚴格，易導致冷酷、無情、頑固、吝嗇、暴躁等性格；又可分爲兩個階段：初期稱爲肛門排除期，幼兒的快樂來自糞便的排泄，但若停滯、未滿足，易造成肛門括約肌控制不良、夜遺尿症等生理問題，也可能造成過分慷慨的特性；晚期稱爲肛門保留期，幼兒快樂來源爲糞便的保存，若無法滿足，則可能有便秘的毛病，並傾向吝嗇、過度儉省、潔癖及強迫性性格。

性器期(phallia stage) 約三歲至六歲的幼兒，性器官變

為獲得快樂的中心，幼兒的興趣已移轉成以性器為主的自戀，他會去觸摸、摩擦或顯露其性器，並對兄弟姐妹或父母的生理構造感興趣。這一階段的發展充滿複雜的矛盾和衝突，幼兒會經驗到伊底帕斯(Oedipus)情結或稱戀母情結(Oedipus：希臘神話人物，伊底帕斯國王殺父娶母，後因內心譴責，自刺雙目流浪而死。佛洛依德以此來比喻小男孩的戀母情結，既愛戀母親又擔心父親對其採取報復行動)。和伊勒特勒(Electra)情緒，或稱戀父情結 (Electra：希臘神話人物，曾指使她的兄弟殺死曾殺害她父親的母親。佛洛依德以此來比喻小女孩的戀父情結)。這對於幼兒性別特徵的形成及成人後的性生活都是非常關鍵的。

此時期男性幼兒對母親產生強烈的愛戀之情，而對父親不滿，因父親被當成對母親感情的競爭者，但另一方面又擔心父親對其不利，產生「閹割焦慮(castration)」 (因他們想像是自己的性器官導致了與父親的衝突)。強烈的恐懼和焦慮使小男孩把自己戀母嫉父的感情壓抑在心底，為了尋求解脫，小男孩力圖認同於父親，即仿效父親，學習父親的言談舉止，如此便能覺得自己與父親分享了母親的愛。

對於女性幼兒來說，戀父情結又顯得更複雜了。依佛洛依德的解釋，小女孩在出生後的前兩年，對母親仍有強烈的愛戀之情，但至此一時期，女孩開始發現她們沒有陰莖，而認為是母親有目的奪走的，因此開始對母親不滿甚至憎恨 (很多心理分析師認為這樣的歸因可以解釋很多女人終其一生對自己的母親懷有矛盾的情感) (轉引自黃慧貞，民國80)，另一方面卻增加對父親的愛，心理分析師常認為這種愛有很大一部分是陰莖羨慕(penis envy)。

由以上說明可知，這一階段的幼兒對父母的感情是極爲複雜的，他們對父母既有積極的好感，又有消極的不滿和嫌惡之情，在他們的心中存在著衝突、矛盾與恐懼，而惟有藉著模仿父母中之同性別者，加以認同，方能解除此種壓力，以獲致正常發展。

　　性潛伏期(latency stage)　兒童到六歲以後，其性的衝動進入潛伏期，此期一方面人格的超自我部分的發展，另一方面由於其活動範圍的擴大，終而把對父母的性衝動，轉向讀書、交友、遊玩等活動。

　　生殖期(genital stage)　進入青春期後，由於生理的成熟，常有性的衝動，在心理上開始對異性產生愛慕的現象。

艾力克森的心理社會學說(The Psychosocial Theory)

　　佛洛依德強調行爲的生物決定面，而艾力克森則以文化和社會影響爲著眼點。艾力克森認爲生命是由出生到死亡八個年齡階段所組成的，這八個階段是以遺傳學決定的順序逐漸展開，因此是以一定順序的形式和適當的速率而發生的；縱使其發展內容因各文化而有所異，但社會心理階段的基本元素都是共通的。

　　危機(crisis)是劃分每個發展階段的特徵。亦即每個發展階段都會出現影響自我發展的危機，對此危機的處理方式即爲影響人格發展一個重要的轉折點，假如能積極的解決將有助於自我的增強，而形成較好的人格，反之，消極的解決則削弱了自我，阻礙了順應能力的形成。

　　雖然生理遺傳決定了每一個階段何時出現，但是社會環

境決定危機是否能得到積極的解決，就是根據這樣的觀點，艾力克森的發展階段理論又稱爲心理社會發展理論。以下將討論艾力克森的八個階段(Erikson，1963)的前四個時期，後四個時期因發生年齡在青少年期以後至老年期，超出幼兒發展的範圍，謹予簡單描述。

信任對不信任期(basic trust vs. basic mistrust)　大約和佛氏的口腔期相當，由出生到一歲左右。在這一階段的嬰兒最爲孤弱，對成人依賴性最大，因而其人格發展的重點在於對人的信任與不信任。要促成基本信任感的重要因素是母親——幼兒關係的品質，如果父母或照顧者能以慈愛來滿足幼兒的需要，基本的信任感將發展出來，爲解決此階段危機的最佳方式。否則勢必產生不信任、焦慮和疏離的感覺。艾力克森並強調，餵食情境爲信任感產生的決定時刻，因其認爲餵食提供了母子互動的機會，爲此階段親子聯繫的主要來源。當幼兒形成的信任感超過不信任感時，信任對不信任的危機方才得到解決。

自主對害羞、懷疑期(autonomy vs. shame doubt)　此階段自一歲起到三歲，相當於佛洛依德性心理發展的肛門期。幼兒在此期已學會行走、攀爬、推拉等動作，更通俗地說，他們學會了如何抓握和放開，亦即幼兒已能「隨心所欲」地決定做還是不做某些事情。因而幼兒從這時起就介入了自己意願與因母意願相互衝突的矛盾之中。因此，如何使幼兒在自己所能做、那些做起來較安全和那些應該做之間達到一個正確的平衡，是此階段的重點；艾氏強調父母應給予幼兒適當的自主權，使幼兒肯定自我的能力，建立自信心，過度

的控制反將造成幼兒懷疑自己的能力與羞愧無能的感覺。學步是兩歲幼兒自主需求發展的開始，他們開始感覺對周遭具有某些控制力，他們擁有以前未曾發現的新力量，不再滿足於別人的決定，此時父母可設定安全的範圍，讓幼兒自行去摸索發現新大陸，即使對任何事情亦相同，如此方能協助幼兒度過兩個危機時期，建立幼兒自主能力。

自發對罪疚期(initiative vs. guilt)　此階段從四歲到六歲，相當於佛洛依德性心理發展的性器期。此期幼兒會主動進行各種具體的運動神經活動，更精確的運用語言和更生動的運用想像力，這些技能使幼兒萌發出各種思想、行為和幻想，如果父母鼓勵幼兒的此種獨創的、自動的活動，就會養成自發的特質，然而如果父母譏笑幼兒的獨創性行為和想像力，幼兒將會缺乏信心的離開此一階段，使得爾後他們在考慮種種行為時總是易於產生罪疚感，而傾向於生活在別人為他們安排好的狹隘的圈子裡。

勤奮對自卑期(industry vs. inferiority)　此期從六歲起持續到十一歲，相當於佛洛依德性心理發展的潛伏期，然而艾力克森比佛氏更重視這個時期的重要性。這段期間是屬於活動期間，此時幼兒學會一些基本的行為，以使他們的將來能與人競爭。遊戲、想像和幻想必須被抑制，且須勤勉努力，將使一個人成為社會中的生產分子，故須被鼓勵。若無法學會或不能從工作中得到快樂，將使一個人喪失信心和價值感。

第五期為自我認同與角色混淆期(identity vs. role confusion)，此期約在十二歲至二十歲間，相當於佛氏之性心理發展的生殖期，此期青少年必須思考有關自己和社會的各種信息，最後確定自己的生活策略，如此青少年即獲得了自我認同，變為一個成人；第六期為親密對孤立期(intimacy vs. isolation)，約發生在成人初期，二十至二十四歲，若個人具有建立親密關係的能力，必定有美好的生活，否則將孤寂一生；第七期稱為繁殖對停滯期(generativity vs. stagnation)，約從二十五歲至六十五歲，不僅包括了生育下一代，更重要的是給予孩子適當的照料以及指導，發展良好的人格品質；第八期為自我統整對絕望期(ego integrity vs. despair)，屬成人晚期階段，從六十五歲一直持續到生命結束，若此期的老人順利通過前七個階段，則對人生感到美滿幸福，而不懼怕死亡，反之則對人生感到絕望（此五個時期的詳細內容，請參見各版人格心理學叢書）。

影響幼兒人格發展的因素

根據多數心理學家研究的結果，認為幼兒的人格，有些是受先天遺傳的影響，有些則受後天環境的影響，說明如下：

個人因素

佛洛依德早已強調「每個獨特的自我都與生俱有特殊的本質和傾向」，一九三〇年代，Shirley & Gesell兩位學者亦提出嬰兒時期起便已有了行為特質上的個別差異，足見人

格係受遺傳之影響。李丹（民國78）則認爲幼兒最初表現出來的這些特質是幼兒個性發展的基礎是個性塑造的起跑點。

遺傳　研究人格的遺傳因素，常以同卵孿生兒及精神病患爲研究對象，證實精神病患之病發率與血統間有密切的關係(Kallman，1946)。而同卵孿生兒較異卵孿生兒之人格特質更爲相近。

智力　智力高者，常表現出健康、活潑、快樂、進取的人格特質。反之則常表現出挫折感、自悲、情緒困擾的個性。

健康　健康的幼兒比較開朗、活潑、富活力；健康不良者，常表現出退縮、社會適應不良、依賴等人格。

體型　奎池邁(Kretchmer)認爲肥胖型的人性格外向、善與人相處。瘦長型的人，性格內向、喜批評、多愁善感。健壯型的人活力充沛，性格較內向。障礙型的人性格多內向（轉引自黃志成、王麗美，民國83）。

家庭因素

早期經驗　幼兒早期如能得到較多的關懷與照顧，對其人格情緒有良好的影響，反之則不然。

家庭氣氛　若父母感情良好，親子關係親密，兄弟姐妹間關係和諧，則幼兒人格發展較好，反之則不然。

父母管教態度　管教態度有許多方式，但大致可歸納出下列三種：

* 權威式：亦即專制的管教方式，父母是用嚴格、命令與處罰的方式強迫幼兒服從。權威式管教下的幼兒，表現出較多具有反抗、挑釁和攻擊性的行爲，性格上

可能較為殘忍和孤僻。而且將使幼兒感到家庭缺乏溫暖，對父母親無親切感，容易造成問題幼兒的產生。

- 放任式：乃指父母讓幼兒盡量去做自己高興的事，認為幼兒從行動的結果，學習到對與錯的觀念。放任式的教育由於管教過寬、容易流於溺愛，養成幼兒驕縱的性格，意志薄弱，缺乏克服困難的勇氣，此種管教方式，也容易造成問題幼兒的產生。

- 民主式：乃指父母較偏於允許的態度，較了解幼兒的需要和能力，讓幼兒有發表意見的機會，並能給予適度的滿足。在這種民主的管教方式下，幼兒的身心得有良好的發展，較能表現出自動自發、樂觀、合作、自尊的人格特質。

出生序 許多研究都證實出生序（如長子、么子、獨子、中間排行）對人格均有不同之影響。

家庭社經地位 家庭經濟水準、父母教育及職業，均與幼兒的成長有關，也影響其人格。

學校因素

- 教師人格：教師是幼兒認同及模仿的對象，故其人格特質直接影響幼兒人格發展。

- 教學態度：教學之教學態度（如熱誠的、拒絕的等）及教學方式（如民主、權威、放任等），均影響幼兒人格發展。

- 常規教育：不同的常規教育、班級氣氛，可以培養不

同氣質的幼兒。

社會文化因素

- 社會規範：不同的國家、地區、文化，均有不同的社會規範，不同的社會規範足以薰陶出不同人格特質的幼兒。
- 社區環境：不同的社區環境（如文教區、商業區、低社經區等），幼兒長久居住，人格不斷地被其影響，終造就不同人格特質的幼兒。

人格發展的輔導

　　提供早期良好的生活經驗　人格發展奠基於嬰兒期，故在嬰兒期應有良好的餵哺方式，足夠的親情，及合理的大小便訓練等。

　　培養獨立的性格　務使幼兒不依賴、培養生活上的自理能力及獨立自主的個性。

　　建立自信心　幼兒人格的健全發展，父母須培養幼兒感覺自己有能力，亦即建立其自信心。

　　適當的管教態度　父母及老師要採合理的管教方式，子女在良好的教育薰陶下，人格自然會有良好的發展。

　　提供良好的示範　父母及老師要提供良好的人格示範，例如，溫文有禮、誠實、仁慈、善良等，如此幼兒可加以學習。

提供美育之薰陶　音樂、美術、勞作、表演等藝術活動可以提高幼兒的品質，增進幼兒的情操。

　　讓幼兒多接觸大自然　幼兒多接觸大自然可以陶冶性情，增進閱歷，有助於人格成長。

自我概念(self-concept)

　　每個人都有自我，自我是人格結構的核心，也是影響個人行為的重要因素。但是自我概念並非與生俱來的，它只是一種「概念性的架構」(conceptual construct)，在長期的人際關係交互影響中發展而成（郭為藩，民國61）。亦即，嬰兒生來並不具有自我觀念，初出生時，他無法區別自我與環境，逐漸地，嬰兒透過與父母、有意義的他人、及同儕團體的互動而形成其自我概念。

　　自一九六〇年代，自我的研究開始受到重視，自我概念成為研究和了解人類行為的重要且普遍的方法，以下分別列舉學者對自我概念的定義：

　　Hilgard & Atkinson(1967)認為自我是「個體所知覺的個人人格」。

　　Jersild(1966)視自我概念為一組思考和感覺的內涵，它能意識自己個別的存在。

　　當代心理學家羅傑斯(Rogers，1951)認為自我是有組織的，且經常一致的一種統合觀念，包括對自己特性的認知，自己對他人以及生活各方面的關係的認知，而且這種種的認知是分別具有其價值意義的。

社會心理學家顧里(Cooley，1902)提出鏡中自我(looking glass-self)理論，認為自我概念是透過人際間交互作用而產生，他人就像自己的一面鏡子，得以反應自我。自我概念的形成，須透過反省的過程：想像他人心目中的自身形象——想像他人對此形象的批評——由此形象而生自我感。

Mead(1934)以社會哲學的觀點來探討自我概念，認為自我概念是在社會過程中形成，是一種社會互動下的產物，他解釋鏡中自我是一種「概括化的他人」(the generalized other)的反映，他人的反應引起自己的知覺，不同的社會情境下會有不同的反應，故可能有不同的自我，如家庭的自我、學校的自我等。因此，個人意識到的自我，事實上是站在別人的立場來看自己，亦即會考慮所屬團體對自己的態度。

根據以上學者的看法可知，個人對自己的看法和態度，在個人的發展中占著頗重要的地位。一個人在發展的過程中，對於自己的身體、能力、事物、他人、家庭、團體、社會價值、生活目標及社會結構的看法與態度，就是自我概念（盧欽銘，民國70）。而初生嬰兒並無自我概念，及至幼兒期，才因成熟與學習之過程，慢慢發展自我概念，約三歲的幼兒即開始對勝任(competent)與否有愉快或羞恥感，四歲開始會使用防衛作用，以避免失敗的羞恥，四歲到十四歲之間，追求目標之堅持性與失敗之容忍性增加(Wenar，1971)。嬰幼兒期自我概念之發展過程如下：

具體的　近一歲的幼兒，漸漸的可以從鏡中發現自己的存在，對於玩具或吃的東西，會有獨占慾，認為這是「我」的，爾後慢慢發展會認識自己的五官、衣服等等。

抽象的　一歲以前的幼兒開使慢慢認識自己的名字，成人喚他，他會有所反應，爾後則會認識自己是誰，誰的兒子，自己幾歲，尤其到了三歲以後的個性發展期，更會有自己的看法和意見，到了兒童期，更能了解自己的行為準則，價值標準等。

了解了幼兒自我概念的發展過程，父母、師長及保育人員應實施之輔導方式如下：

- 自我概念教學：在單元設計中，多編入一些自我認識的課程。
- 用民主式教法：承認幼兒是獨立的個體，多多聽取幼兒的意見。
- 尊重幼兒：了解幼兒、尊重幼兒的生理、心理需求。
- 觀察幼兒的感受：要了解幼兒的心理感受，體察他們的困難。
- 誠懇的態度：對幼兒態度要誠懇，不應付、不敷衍。

參考資料

李丹。《兒童發展》。台北：五南圖書公司。民國78年。

余昭。《人格心理學及人格之培育》。台北：三民書局出版。
　　民國78年。

張春興。《心理學》。台北：東華書局出版。民國72年。

郭爲藩。《自我心理學》。開山書店出版。民國61年。

黃志成、王麗美。《兒童發展與輔導》。台北：頂淵文化事
　　業有限公司印行。民國83年。

黃慧貞。《人格心理學》。台北：心理出版社印行。民國80
　　年。

盧欽銘。〈我國兒童及青少年自我觀念縱貫三年發展之研
　　究〉。教育心理學報，第14期，頁115～124。民國70年。

譚直敏（譯）。《人格心理學》。五淵出版社印行，頁30。
　　民國78年。

Cooley, C.H. (1902)　*Human nature and social order,*
　　New York: Scribner's.

Erikson, E. H. (1963)　*Childhood and society.* New
　　York: Norton.

Freud, S. (1949)　*An outline of psychoanalysis.* New
　　York: Norton.

Hjelle, L.A. and Ziegler, D.J. (1981)　*Personality
　　theories(2nd ed.).* New York: McGraw-Hill.

Hilgard, E.R. and Atkinson, R.C. (1967)　*Introduction*

to Psychology(4th ed.). New York: Harcourt, Brace and World.

Jersild, A. (1966) *Child Psychology, Englewood cliffs,* New Jersey: Prentice-Hall.

Mead, G.H. (1934) *Mind, Self and Society.* Chicago: University of Chicage Press.

Rogers, C.R. (1951) *Client-Centered Therapy.* Boston: Houghton Mifflin.

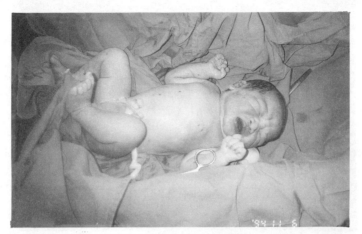

（出生照）剖腹產--剛從媽媽肚子裡抱出來,臍帶尚未處理,且哇哇大哭

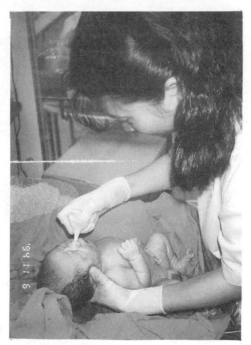

出生時,護士幫寶寶通鼻管

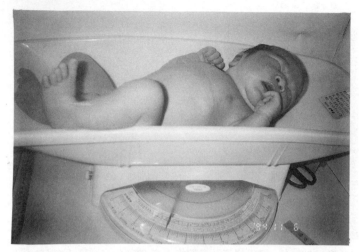

出生時,磅體重

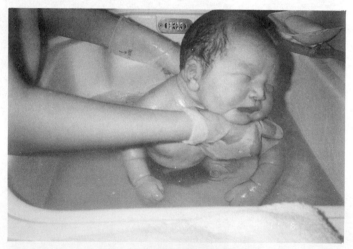

出生時,第一次洗澡,好舒服的樣子

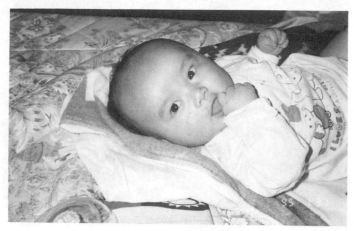

三個月即會吸吮自己的手指

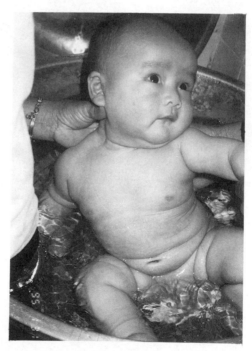

三個月時洗澡仍有些緊張

四個月時,已會因欣賞自己美妙的發音而(滿意的笑)得意

六個月時,口水一直滴,已能翻身且(抬頭)用雙手支撐上半身抬頭

母子關係

五個月已能很專心的注視物品、玩玩具

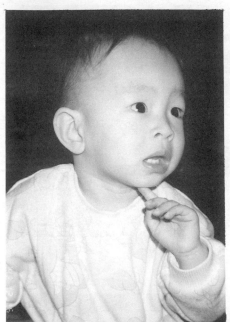

對幼兒的觀察要細膩,這幅
照片表示那一種肢體語言

'94 6.26

嘗嘗當司機的滋味開向人生的大路

純眞的童顏,豐富的表情,譜下美好的童年

身體的平衡,粗動作的發展
手跟腳的協調,自我實現的
滿足感,可以在攀爬的活動
中,更具體的成長

這是我的家,歡迎光臨

這是我的床,
我在這裡小睡
這是我的地板,
我在這裡翻滾
這是我的游泳池,
我在這裡游泳
這是我的沙堆,我把自己
掩蓋,只剩下一個頭
這是我的最愛..............

幼兒的發展與輔導　　　　　　　　　　幼教叢書 7

著　　　者/ 黃志成　王淑芬

出　版　者/ 揚智文化事業股份有限公司

發　行　人/ 葉忠賢

總　編　輯/ 閻富萍

執行編輯/ 范湘渝

地　　　址/ 台北縣深坑鄉北深路 3 段 260 號 8 樓

電　　　話/ (02)8662-6826

傳　　　真/ (02)2664-7633

登　記　證/ 局版北市業字第 1117 號

印　　　刷/ 偉勵彩色印刷股份有限公司

初版十二刷/ 2013 年 01 月

定　　　價/ 300 元

✉ E-mail：yangchih@ycrc.com.tw

網　　　址：http://www.ycrc.com.tw

ＩＳＢＮ：　957-818-266-X

國家圖書館出版品預行編目資料

幼兒的發展與輔導/ 黃志成，王淑芬著.
--初版. --臺北市 ： 揚智文化 ；1995[民 84]
面； 公分.—(愛彌兒叢書；7)
民 90 年初版五刷，叢書名改爲幼教叢書；7

ISBN 957-9272-17-4（25K 平裝）.
ISBN 957-818-266-X（18K 平裝）.

1.兒童心理學　　2.發展心理學

523.1　　　　　　　　　　84003918